Wolfgang Pölzer

TAUCHREISEFÜHRER
BALEAREN

W0377899

Delius Klasing
EDITION NAGLSCHMID

Abbildung Seite 2
Das rote Skelett der Edelkoralle (Corallium rubrum)
wird seit dem Altertum zu Schmuck verarbeitet.

Die Deutsche Bibliothek – CIP-Einheitsaufnahme

Pölzer, Wolfgang:
Tauchreiseführer Balearen / Wolfgang Pölzer. – Bielefeld : Delius Klasing;
Stuttgart : Ed. Naglschmid, 2001
(Tauchreiseführer ; 30)
ISBN 3-89594-078-X

1. Auflage
ISBN 3-89594-078-X
© 2001 by Verlag Stephanie Naglschmid, Stuttgart

Herausgeber: Dr. Friedrich Naglschmid, Stuttgart
Titelfoto: Wolfgang Pölzer / MTi-Press, Stuttgart
Fotos: Wolfgang Pölzer / MTi-Press, Stuttgart
Druck: Kunst- und Werbedruck, Bad Oeynhausen
Printed in Germany 2001

Alle in diesem Buch enthaltenen Angaben, Daten, Ergebnisse usw. wurden von den Autoren nach bestem Wissen erstellt und von ihnen und vom Verlag sorgfältig überprüft. Gleichwohl können inhaltliche Fehler nicht vollständig ausgeschlossen werden. Daher erfolgen die gemachten Angaben, Daten, Ergebnisse usw. ohne jegliche Verpflichtung oder Garantie des Autors oder des Verlags. Weder die Autoren noch der Verlag übernehmen irgendeine Verantwortung und Haftung für etwaige inhaltliche Unrichtigkeiten.

Geschützte Warennamen und Warenzeichen werden nicht besonders gekennzeichnet. Aus dem Fehlen solcher Hinweise kann nicht geschlossen werden, dass es sich um freie Warennamen bzw. freie Warenzeichen handelt.

Alle Rechte, insbesondere das Recht der Vervielfältigung und Verbreitung und der Übersetzung, vorbehalten. Kein Teil des Werkes darf in irgendeiner Form (durch Fotokopie, Mikrofilm oder ein anderes Verfahren) ohne schriftliche Genehmigung des Verlages reproduziert oder unter Verwendung elektronischer Systeme verarbeitet, vervielfältigt oder verbreitet werden.

Vertrieb: Delius Klasing Verlag, Siekerwall 21, D-33602 Bielefeld
Tel.: 0521/559-0, Fax: 0521/559-113
e-mail: info@delius-klasing.de
http://www.delius-klasing.de

Inhalt

Einsame Bergidylle im Hinterland von Mallorca.

Vorwort

Die Balearen – Spaniens malerische Inseln im Mittelmeer – sind auf der ganzen Welt zu Recht berühmt. Von der Natur bevorzugt, vereinen sie auf einmalige Weise Meer, Landschaft und Klima. Nicht zuletzt aufgrund ihrer fast schon traditionellen Gastfreundschaft sowie der überragenden Vielfalt an Unterkunftsmöglichkeiten, mit all ihren Sport- und Fun-Programmen, ist das Archipel zur Entspannung und Erholung wie geschaffen.
Dass dieses leicht und preisgünstig erreichbare Urlaubsparadies auch für den Tauchsport wie geschaffen ist, wissen viel zu wenige. Nicht nur der gelangweilte Sonnenanbeter, der aus Jux und Tollerei seinen ersten Tauchgang unternimmt, wird von den mannigfaltigen Attraktionen des sommerwarmen Mittelmeeres sofort in seinen Bann gezogen. Nein, auch der weit gereiste Maledivenkenner und Rotmeerveteran wird rund um die Balearen auf seine Kosten kommen. Kristallklares Wasser, Fischschwärme, reich bewachsene Steilwände, unzählbar viele, großteils völlig ungefährlich betauchbare Grotten- und Höhlensysteme sowie das ein oder andere Wrack bilden den Garant dafür.
Zahlreiche Tauchbasen werben um die Gunst des Kunden, und es sind nicht nur »weiße Schafe« darunter. Leider gibt es auch rein auf Profit orientierte Unternehmen, die aus Kostengründen möglichst viele Gäste gleichzeitig in renovierungsbedürftigen Booten ausschließlich zu den nächstgelegenen Plätzen karren, um nach halbstündiger Mittagspause im schwankenden Schiff den 2. Tauchgang ihres »Double-Tank-Dives« verrechnen zu können. Gelangt man an solch eine Basis, sollte man keine Skrupel haben und schnellstmöglich zur Konkurrenz wechseln! Dieser Tauchreiseführer ist keine Aufzählung aller, der weit mehr als 100 (!) Tauchbasen der Balearen, sondern versucht, einen Überblick von Tauchgründen, Land und Leuten zu geben und führt dazu eine Auswahl der strategisch günstigsten und allesamt selbst besuchten Tauchbasen an.
Dieses Buch soll allen ein wertvoller Ratgeber bei der Urlaubsplanung und ein nützlicher Führer vor Ort sein, um das Paradies vor unserer Haustüre bestmöglich genießen zu können. Ihnen wünsche ich schöne und erlebnisreiche Tauchgänge!
Mein Dank gilt allen erwähnten Tauchbasen für ihre, wie auch immer geartete Mithilfe. Ganz besonders bedanken – für ihr großes Entgegenkommen – möchte ich mich bei: Claudia & Stephan van Treek/La Mola/Formentera, Tina & Jogi Theuerjahr/Tauchcenter Cala Pada/Ibiza, Gisi & Rainer Klingner/ Diving Center San Miguel/Ibiza, Horst Hohenstein & Dieter Payonk/Tauch-

sporthotel Bahia/Menorca, Ted Fecke/Bahia Azul Diving Center/Mallorca und Mathias Günther/Scuba Activa/Mallorca! Ohne sie wäre die Erstellung dieses Buches nicht möglich gewesen!
Mein letzter und größter Dank gilt schließlich meiner Lebensgefährtin Barbara. Sie fungierte nicht nur ständig als UW-Modell und Assistentin, sondern half auch bei allen Recherchen tatkräftig mit – danke!

Kuchl, im Frühjahr 2001 *Mag. Wolfgang Pölzer*

Auge des Kraken (Octopus vulgaris).

Allgemeines

Die Inselgruppe, die im westlichen Mittelmeer dem spanischen Festland vorgelagert ist, besteht aus den eigentlichen Balearen mit den Hauptinseln Mallorca und Menorca sowie den Pityusen mit Ibiza und Formentera. Daneben umfasst die Gruppe noch weitere 150 großteils unbewohnte kleine Inseln und Inselchen. Die Gesamtheit des ganzen Archipels bildet die spanische Autonome Region Balearen, mit einer Gesamtfläche von 5014 km^2, deren Hauptstadt Palma de Mallorca ist. Im Rahmen der spanischen Dezentralisierungspolitik erhielten die Balearen im Jahre 1983 das Autonomiestatut. Regierungsorgan ist der interinsulare Generalrat der Balearen mit Sitz in Palma. Das hat sich auch auf die Sprache ausgewirkt. Während früher das Spanische (Kastilisch) die einzige offizielle Amtssprache war, nimmt nun mehr und mehr das Katalanisch – das fast auf jeder Insel mit seinem eigenen Dialekt vertreten ist – diesen Stellenwert ein. Viele Ortsschilder sind zweisprachig oder nur mehr katalanisch.
Die Herkunft der Bezeichnung »Balearen« ist nicht zweifelsfrei geklärt. Man vermutet einen Zusammenhang mit dem griechischen »ballein« (= werfen, schleudern), womit auf die, wegen ihrer Treffsicherheit berühmten Steinschleuderer der Inseln angespielt wird. Denn bereits in der Bronzezeit versuchten sich die Inselbewohner durch das Schleudern von Steinen und Bleikugeln gegen die kriegerischen Römer zu wehren.
Die Balearen sind die abgesprengte Fortsetzung des sich von Gibraltar über die Sierra Nevada bis zum Cabo de la Nau hinziehenden Andalusischen Faltengebirges. Im jüngeren Tertiär (vor 26 Millionen Jahren) riss durch tektonische Bewegungen – mit gewaltigen Landeinbrüchen und Überschwemmungen – die Verbindung mit der iberischen Halbinsel ab. Heute trennt ein bis zu 1500 m tiefer Meeresgraben den Archipel vom spanischen Festland.
Auf den Balearen herrscht durch die maritime Lage ein extrem gemäßigtes mediterranes Klima mit milden, niederschlagsreichen und fast immer frostfreien Wintern und nicht allzu heißen, trockenen Sommern. Ibiza hat das ausgewogenste Klima der Balearen. Hier steigen die Temperaturen im Sommer selten über 30 °C an und sinken im Winter kaum unter den Gefrierpunkt.
Die Autonome Region Balearen zählt insgesamt rund 660.000 Einwohner, die fast ausschließlich römisch-katholisch sind. Etwa 80% davon leben auf Mallorca, während 10% auf Menorca und weitere 10% auf Ibiza und Formentera ihren ständigen Wohnsitz haben. Sowohl im Typ als auch im Wesen unterscheiden sich die Inselbewohner deutlich vom Festlandspanier. Es sind eher schwerfällige, aber freundliche und ehrliche Menschen, deren Herkunft sich

aus der bewegten Geschichte im Schnittpunkt mediterraner Seefahrt erklären lässt. Mauren, Juden, Katalaner sowie zu einem geringeren Teil Italiener, Basken, Franzosen, Griechen und Engländer schufen einen brünetten Menschentyp von gedrungener Gestalt.
Bis zum Einsetzen der großen Touristenströme bot die Landwirtschaft der Bevölkerung dieser an Bodenschätzen armen Inselgruppe nahezu die einzige Erwerbsquelle. Nachdem sich viele Grundbesitzer zum Verkauf ihrer Äcker als Bauland entschlossen haben, kann die balearische Agrarwirtschaft, die früher einen Großteil ihrer Produkte exportierte, heute nicht einmal mehr den Eigenbedarf der Inseln decken. Auf Mallorca und Ibiza herrschen Obstbaumkulturen vor, während auf Menorca und Formentera Getreideanbau dominiert. Nennenswerte Viehzucht wird auf Menorca betrieben, wo neben 25.000 Rindern auch Schafe, Esel und Schweine gezüchtet werden. Die Fischerei kann den Eigenbedarf der Balearen nur noch außerhalb der Touristensaison decken. Klassisches Ausfuhrgut der Inseln ist das schon seit phönizischer Zeit geerntete Meersalz. Auf Ibiza und Formentera lässt man auch heute noch das in großen, flachen Salinenbecken eingelassene Meerwasser verdunsten, um es dann fein gemahlen als Speisesalz zu exportieren. Besonders auf Mallorca und Ibiza hat sich der Tourismus zu der wichtigsten Einnahmequelle entwickelt. Bis zur 10fachen Menge der ständig auf den Balearen lebenden Einwohner, ergießt sich alljährlich ein riesiger Touristenstrom über die Inseln. Auch das noch vor wenigen Jahren als Geheimtipp für Ruhesuchende bekannte Menorca ist davon längst betroffen. Allerdings konzentrieren sich die sonnen- und erlebnishungrigen Massen nahezu ausschließlich auf die gut erschlossenen Küstengebiete. Wer die Beschaulichkeit und Ruhe einer weitgehend ursprünglichen Landschaft sucht, der findet auch heute noch im Landesinneren einer jeden der Inseln sein »touristenfreies« Plätzchen.

Geschichte

Als gesichert gilt, dass Mallorca schon im vierten vorchristlichen Jahrtausend von iberischen Hirtenstämmen bewohnt war. Die ältesten Zeichen menschlicher Besiedlung stammen aus einer Höhle bei Son Muleta (nahe Sóller), wo man auf ca. 6000 Jahre alte menschliche Gebeine stieß. Dort fand man auch Tausende von Tierskeletten einer inzwischen ausgestorbenen Zwergantilope, der vermeintlichen Hauptnahrung der Menschen jener Zeit.

Aus der Jungsteinzeit, die nur auf Mallorca ihre Spuren hinterlassen hat, und aus der frühen Bronzezeit (2000–1400 v. Chr.) sind Reste verschiedener Wohnbauten erhalten. Neben Wohnhöhlen fand man auch schon Steinhütten mit Holzdächern (Son Matge bei Valdemossa).

Überaus zahlreich und teils sehr gut erhalten sind die Zeugnisse aus vor- und frühgeschichtlicher Zeit auf Mallorca und Menorca. Überwiegend gehören sie der Talayotkultur (arabisch »atalaya« = Ausguck) an. Diese Megalithkultur war in der Zeit von 1500 v. Chr. bis zur Besetzung durch die Römer (123 v. Chr.) für die Errichtung der balearentypischen Turmbauten aus mächtigen Steinquadern verantwortlich. Auf Mallorca sind rund 100, auf Menorca etwa 300 solcher Talayots erfasst. Es sind meist runde, seltener viereckige Türme, die teils bewohnt waren, teils aber auch als Grab- und Kultstätte gedient haben dürften. Sie hatten einen Durchmesser von etwa 14,5 m und waren bis zu 8 m hoch (z.B. Capicorp Vey im südlichen Mallorca).

Im Jahre 645 v. Chr. gründeten die Karthager auf der Isla Plana an der Ostseite der Hafenbucht von Ibiza als eine ihrer ersten Kolonien den Handels- und Militärposten Ibosim. Purpurerzeugung, Salzgewinnung, Landwirtschaft und die Ausbeutung der Bleiminen bildeten die Grundlage eines stetig wachsenden Wohlstandes.

Während der Punischen Kriege (3.–2. Jh. v. Chr.) dienten die Balearen den Karthagern als strategische Basen. Ihr Führer Hannibal wurde der örtlichen Überlieferung nach angeblich sogar auf Ibiza oder einer vorgelagerten Insel geboren. Im Kampf gegen die Römer setzte er balearische Schleuderschützen ein.

Ab etwa 200 v. Chr. entwickelte sich infolge der Schwächung Karthagos allmählich eine Romanisierung durch wachsenden Handel. Im Jahre 123 v. Chr. eroberten die Römer schließlich die Balearen und gründeten u.a. auch Palmaria, das heutige Palma.

Der durch die Völkerwanderung von Norden ausgehende Druck auf die Iberische Halbinsel ließ die Bevölkerung der Balearen durch Zuwanderung von Flüchtlingen rasch anwachsen.

Im 5. Jahrhundert fielen die Vandalen ein und machten sich die Inseln untertan. Erst hundert Jahre später gelang es, das Vandalenreich zu zerschlagen und die Balearen unter die Oberhoheit von Byzanz zu stellen.
Im 8. Jahrhundert erfolgte die Eroberung durch die Mauren, deren wechselvolle Herrschaft ein halbes Jahrtausend andauerte und den Inseln Wohlstand und kulturelle Blüte brachte. Zwischendurch wurden die Balearen für einige Zeit dem arabischen Königreich zugeschrieben, und besonders auf Mallorca trieben gefährliche Piraten ihr Unwesen. Im Jahre 1229 bekämpfte der König von Aragón und Graf von Barcelona, Jaime I., erfolgreich die Piraten und zog in Palma ein. Er gründete einen Staat mit demokratischen Institutionen auf Mallorca. Fünf Jahre später wurde auch Ibiza erobert und die Mauren vertrieben. Eine erneute Christianisierung folgte.
Im 14. Jahrhundert hatte Mallorca eine wichtige Stellung im Mittelmeerhandel inne. Durch die Eheschließung zwischen Ferdinand von Aragón und Isabella von Kastilien (1469) gingen ganz Aragón und damit auch die Balearen ins Spanische Königreich über.
Nach der Entdeckung Amerikas verlor der Mittelmeerraum für den Handel an Bedeutung. Ständige Überfälle von maurisch-türkischen Freibeutern verwüsteten die Balearen und dezimierten die Inselbevölkerung. Formentera wurde dabei ganz entvölkert. Der Bau von Festungsanlagen (Palma, Ibiza), Wehrkirchen und Wachtürmen wurde danach stark forciert.
Im 17. Jahrhundert trugen Pestepidemien, Hungersnöte und weitere Piratenangriffe zur Verminderung der Bevölkerung bei.
Im 18. Jahrhundert schlugen sich Mallorca und Ibiza im Spanischen Erbfolgekrieg auf die Seite der Habsburger, gegen die Bourbonen. 1715 eroberte Philipp V. die Stadt Palma. Menorca wurde 1708 von den Engländern besetzt und ging im Vertrag von Utrecht (1713) gemeinsam mit Gibraltar an Großbritannien. Im Siebenjährigen Krieg kämpfte Frankreich um Menorca, wurde aber im Frieden von Paris (1763) wieder an die Briten zurückgegeben. Die Insel wechselte dann mehrmals zwischen englischer und spanischer Herrschaft und wurde 1808 mit Hilfe der Franzosen endgültig spanisch.
Im Jahre 1875 wurde die erste Eisenbahnlinie Mallorcas eingeweiht.
In den zwanziger Jahren des 20. Jahrhunderts begann ein erstes zaghaftes Aufkommen von Fremdenverkehr auf Mallorca.
Im Spanischen Bürgerkrieg (1936-1939) wurden Mallorca und Ibiza von den Nationalisten, Menorca hingegen von der sozialistischen Volksfront kontrolliert.
Nach dem Zweiten Weltkrieg setzte in den 1950er-Jahren der rapide wachsende Massentourismus ein, der es bald notwendig machte, auf Mallorca, Menorca und Ibiza Flughäfen zu errichten. Die ungezügelte Bautätigkeit veränderte nicht nur die Landschaft, sondern wirkte sich auch tief greifend auf das gesamte wirtschaftliche und soziale Gefüge aus.

Windmühlen waren einst lebenswichtig für die Bewässerung der landwirtschaftlich genutzten Flächen. Heute sind sie vielfach nur noch historische Monumente.

Am 22. Februar 1983 erhielten die Balearen als »Comunidad Autónoma de las Islas Baleares« das Autonomiestatut. Oberstes Verwaltungsorgan ist der »Consell General Interinsular de les Illes Balears« mit Sitz in Palma. Dadurch erfolgte ein Aufschwung der regionalen Sprachen und Kulturen.
Im Juni 1988 erließ der Consell Insular einen Vorschriftenkatalog, der die Infrastruktur der Balearen verbessern soll. Zentrale Punkte sind strengere Bauvorschriften für Hotels, Verbesserungen der Abwasserentsorgung und Ausweitungen der geschützten Landschaftsräume.
1991 wurde rund ein Drittel der gesamten Landfläche der Balearen unter Landschaftsschutz gestellt!

Unbekanntes Mallorca: die schroffe Westküste.

Flora und Fauna

Die typische Form der Vegetation der Hauptinsel Mallorca bis in Höhen von etwa 700 m ist die noch immer weit verbreitete Garrigue, ein lichter Buschwald aus Aleppokiefern, Steineichen, wilden Ölbäumen, Erdbeer- und Johannisbrotbäumen sowie Zwergpalmen. In höher gelegenen Gebieten weicht dieser Wald einer Macchia aus Heidekraut, Rosmarin, Lorbeer-, Myrten- und Ginstersträuchern. Die höchsten Zonen Mallorcas sind schließlich nur mehr spärlich mit Gräsern, Johanniskraut und Rosmarin bewachsen.
Berühmt ist die frühe Mandelblüte von Mallorca, deren rosa-weiße Pracht sich schon zwischen Januar und Februar zeigt und eindrucksvoll die riesigen Anbauflächen veranschaulicht. Daneben bestehen ausgedehnte Aprikosen- und Feigenpflanzungen.
Menorca trägt heute kaum mehr nennenswerten Waldbewuchs, da die immer währenden scharfen Nordwinde diesen stark beeinträchtigen. Auch die ausgeprägte Landwirtschaft mit ihrem extensiven Getreide- und Futterpflanzenanbau ist am Rückgang der ehemaligen Wälder nicht ganz unschuldig.
Die ursprüngliche Vegetation Ibizas ähnelt stark derer von Mallorca. Auffallend sind die großen Anbauflächen von Obst- und Johannisbrotpflanzungen. Der Raum zwischen den Bäumen wird oft als Weideland genutzt.
Formentera ist die trockenste der vier balearischen Hauptinseln. Die stattlichen Süßwasservorkommen der zur Römerzeit als getreidereich und fruchtbar bekannten Insel sind heute längst versiegt. So herrscht denn hier nur spärlicher Trockenfeldbau vor. Manche der einsam inmitten der Felder stehenden Feigenbäume sollen bis zu 1000 Jahre alt sein!
Die in ihrer Artenvielfalt ohnehin bescheidene Tierwelt ist durch weitreichende Kultivierungsmaßnahmen und Bautätigkeit stark dezimiert worden. Es gibt heute kaum noch nennenswerte Bestände an Rotwild, Bergziegen oder Wildschafen. In bergigen Landstrichen begegnet man Raubvögeln (Adler, Falken), Rebhühnern und vielfach dem Wiedehopf. Unter den zahlreichen Reptilien dominieren die Eidechsen, die auf manchen Inseln endemische Arten entwickelt haben, also nur hier vorkommen. Mit Ausnahme von Ibiza findet man auch überall einige, großteils ungiftige Schlangenarten.
Die marine Fauna der Balearen hat alles zu bieten, was das Mittelmeer hergibt. Ansehnlichen Fischschwärmen von Brassen bis hin zu Barrakudas kann man genauso häufig begegnen wie Muränen, Congern, Zackenbarschen und der ganzen Fülle von bunten Kleinfischarten. Um Großtiere wie Schwertfische, Haie, Delfine, Pilotwale und Schildkröten anzutreffen, muss man zur richtigen Zeit am richtigen Ort sein – man braucht also sehr viel Glück dazu!

Aufgrund der wenigen strömungsreichen Gebiete findet man kaum größere Ansammlungen von Gorgonien. Die reichlich vorhandene Makrofauna mit farbenprächtigen Nacktschnecken, Moostierchenkolonien, Schwämmen und Korallenpolypen entschädigt dies allerdings vorzüglich. Die Artenvielfalt der Krustentiere ist ebenfalls beachtlich. Vor allem die großen Exemplare von Bärenkrebsen und Langusten finden nicht nur Anklang bei den tauchenden Naturliebhabern. Die balearische Küche versteht es vorzüglich, daraus die reinsten Gaumenfreuden zu kreieren. Auch die übrige Palette an Meeresfrüchten verdient Beachtung und ist ein Muss für jeden Balearen-Urlauber. Die Fischerei kann den Eigenbedarf der Inseln allerdings nur mehr außerhalb der Touristensaison decken.

Eine der vielen betauchbaren Höhlen der Balearen.

Tauchplätze

Die Tauchgründe der einzelnen Baleareninseln unterscheiden sich nicht so wesentlich voneinander, wenn man die jeweiligen Steilküsten, Flachküsten und exponierten Stellen miteinander vergleicht. Dennoch hat jede der vier Inseln ihre eigenen Charakteristika, die es allesamt lohnen, entdeckt zu werden!

Mallorca

Das größte Eiland der Balearen umfasst eine Küstenlinie von etwa 500 km. Sein beständiges Klima, das keinen größeren Temperaturschwankungen ausgesetzt und arm an Niederschlägen ist, machte Mallorca schon seit jeher zu einem bevorzugten Erholungsziel. Die Landschaft ist von einer bemerkenswerten Vielfältigkeit. Auf einer Fläche von 3640 km^2 wechseln sich die steilen Berge der Sierra de Tramontana – die sich über die gesamte NW-Küste erstrecken und mit dem Puig Major (1443 m ü.N.N.) den höchsten Gipfel der Insel stellen – mit der weiten Zentralebene, den sanften Erhebungen der Sierra de Levante (O-Küste) und einer wunderbaren Folge von Steilküsten, Buchten und Sandstränden ab.
Ciutat (allgemein besser bekannt unter dem früheren spanischen Namen Palma) ist die Hauptstadt Mallorcas und der gesamten spanischen Provinz der Balearen. Inmitten der tief eingeschnittenen Bucht »Badia de Palma« an der SW-Küste der Insel liegt die heute rund 300.000 Einwohner zählende Großstadt. Sie bildet sowohl das wirtschaftliche als auch das kulturelle Zentrum der Balearen. So findet man nicht nur zahlreiche Vertreter aus Handel, Banken, Industrie, Gewerbe und Handwerk, sondern auch Hoch- und Fachschulen, wissenschaftliche Institute und den Bischofssitz. Als weithin sichtbare Wahrzeichen ragen die Kathedrale und das Schloss Bellver über der Stadt auf, zwei gotische Prunkbauten, die sich perfekt in das malerische Gesamtbild einfügen. Man kann leicht mehrere Tage damit verbringen, all die Museen, Kirchen, Schlösser, Ausgrabungen und sonstige Sehenswürdigkeiten von Palma zu besichtigen.

Von Palma führt die einzige Eisenbahn der Balearen auf zwei Strecken in die Insel hinein. Wer genug Zeit mitbringt, sollte sich zumindest die Strecke Palma-Sóller nicht entgehen lassen. Von dort geht es in einer nostalgischen Straßenbahn weiter bis an den traumhaft gelegenen Hafen von Puerto de Sóller – nicht nur für Eisenbahnfreunde ein absolutes Muss! Die zweite Bahnlinie führt von Palma nordöstlich ins Inselinnere nach Inca. Das 20.000 Einwohner zählende Städtchen ist bekannt als Zentrum der Lederverarbeitung. Nirgendwo sonst hat man eine bessere Auswahl an Lederwaren ab Werk.
Um bei den Städten zu bleiben, ist Manacor – nahe der O-Küste – noch besonders erwähnenswert. Die zweitgrößte Stadt der Insel ist durch eine besondere Art von Gewerbe weit über die Grenzen Spaniens hinaus bekannt geworden.

Rote Gorgonien sind auf den Balearen selten. Das Cap Fermentor auf Mallorca, die Insel Cabrera und die Westküste von Ibiza bilden die Ausnahme.

Es ist dies die Herstellung von künstlichen Perlen, die ihren natürlich gewachsenen Verwandten so täuschend ähnlich sind, dass sie ein Laie nicht unterscheiden kann. Sie sind nicht billig, sollen aber widerstandsfähiger als echte Perlen sein und ihren Glanz auch dann behalten, wenn sie nicht ständig getragen werden. Seit 1890 werden hier Kunstperlen erzeugt, und man kann bei einer Fabriksbesichtigung die einzelnen Arbeitsschritte genau verfolgen.
All die restlichen Sehenswürdigkeiten Mallorcas hier aufzuzählen würde den Rahmen eines Tauchreiseführers bei weitem sprengen! Ein Tipp für Naturliebhaber: Fahren Sie einmal ins Gebirge der Serra de Tramuntana. Speziell zwischen Sóller und Pollenca lohnt es sich, einen Tag im Grünen zu verbringen (Achtung, direkt um den Puig Major ist militärisches Sperrgebiet).
Taucherisch kann mit Ausnahme einiger unzugänglicher Stellen entlang der NW-Küste nahezu die gesamte Küstenlinie erkundet werden. An der flacheren O-Küste überwiegen betauchbare (Tropfstein-)Höhlen im seichten Wasser. Die SW-Küste ist steiler und schroffer. Hier kommen Steilwandtaucher eher auf ihre Kosten, auch gibt es hier einige Wracks zu bewundern. Das mit Abstand schönste Tauchgebiet von Mallorca sind die im Süden vorgelagerten Inseln von Cabrera (siehe dort).

Mallorcas weltberühmte Tropfsteinhöhlen

Mallorca ist nicht nur unter der Wasseroberfläche von Höhlensystemen durchzogen. Viel bekannter und ohne Zweifel auch schöner sind die touristisch bestens erschlossenen Tropfsteinhöhlen an Land. Die Insel hat eine ganze Reihe davon zu bieten, wobei sich die zwei schönsten an einem Ort befinden. Unweit vom Hafenstädtchen Porto Cristo, an der Ostküste Mallorcas, findet man die »Cuevas del Drach« und die »Cuevas dels Hams«. Beide Höhlen gehören heute zu den bedeutendsten Sehenswürdigkeiten der ganzen Insel!
Die Cuevas del Drach (= Drachenhöhlen) wurden 1896 vom französischen Speläologen Edouard Martel erforscht und bestehen aus 4 Hallen und einem großen See. Dieser liegt 39 m unter der Erdoberfläche, ist 177 m lang und 40 m breit. Das bis zu 9 m tiefe Wasser hat eine konstante Temperatur zwischen 16 und 18 °C und ist leicht salzhaltig. Hier wird im Rahmen der Führung ein klassisches Seekonzert mit phantasievollen Lichteffekten veranstaltet.
Die Cuevas dels Hams wurden 1905 entdeckt und befinden sich nur zwei Kilometer entfernt. Sie verdanken ihr Entstehen einem unterirdischen Flusslauf und sind heute auf einer Strecke von 350 m für Touristen erschlossen. Sie verdanken ihren Namen (Höhlen der Angelhaken) den hakenähnlich geformten Tropfsteinen, die scheinbar gegen die Schwerkraft in alle Richtungen zu wachsen vermögen. Besonders beeindruckend ist die verschiedenfarbige Beleuchtung der filigranen Tropfsteingebilde, die gemeinsam mit der gespielten Musik einen theatralischen Effekt hervorrufen. Am »See von Vene-

Die Cuevas dels Hams bei Porto Cristo (Mallorca) mit ihren ungewöhnlichen Tropfsteinen, die an Angelhaken erinnern.

Zur klassischen Musik der Führungen fährt ein Ruderboot über den »See von Venedig«.

dig« rudert ein Boot zu den klassischen Klängen und verstärkt den bleibenden Eindruck von einer fantastischen Höhle.
Mehrsprachige Führungen werden mehrmals täglich in beiden Höhlen angeboten. Wer sich aus Zeitgründen für eine der beiden entscheiden muss, ist mit der nicht ganz so bekannten, aber mindestens genauso sehenswerten Cuevas dels Hams besser beraten.

Männchen des Schriftbarsches (Serranus scriba) während der Laichzeit.

Der Südwesten

MS Josephine: Im Kanal zwischen San Telmo und der vorgelagerten Insel Dragonera befinden sich die Überreste eines vor mehr als 30 Jahren gesunkenen Holzfrachters. Zahlreiche Stürme haben die Holzplanken und Stahlteile mittlerweile in einen bunten Trümmerhaufen verwandelt! Lediglich an Hand der abgebrochenen und mit Algen überwachsenen Schiffsschraube lässt sich auch für den Unkundigen erkennen, dass es sich hier wohl einmal um ein Schiff gehandelt hat.
Schon wenige Meter unter der Wasseroberfläche des unwahrscheinlich blauen Meeres beginnen sich die dunklen Umrisse des Wracks vom hellen Bodengrund abzuzeichnen. Es ruht in etwa 35 m Tiefe auf ebenem Sandgrund. Als künstliches Riff bietet es heute zahlreichen Muränen, Congern, Drachenköpfen, Zackenbarschen, Meerbarbenkönigen und Fahnenbarschen ein neues Zuhause. Von einer ehemaligen Tauchbasis angefüttert, sind die schlangenartigen Großfische auch jetzt noch sehr zutraulich. Sobald sie einen Taucher in ihrem Domizil entdeckt haben, schwimmen sie auch schon schnurstracks auf ihn zu – er könnte ja vielleicht Futter mitgebracht haben. Verhält man sich ruhig, so wimmelt es schon bald von frei schwimmenden Muränen und Congern, die einem schon mal neugierig zwischen den Beinen oder unter den Armen durchkriechen! Selbst wenn man das Schiff wieder verlässt, verfolgen einen noch einige Fische. – Ein fantastisches Erlebnis, das zugegebener Maßen nicht nur wegen der großen Tiefe nicht jedermanns Sache ist! Ab- und Aufstieg (mit Sicherheitsstopp) erfolgt im Freiwasser an der Ankerleine. – Nur für geübte Taucher!!!

Goggie: In der südöstlichen Ecke der Bucht von San Telmo sank im Winter 1992/93 aus unerklärlichen Gründen der etwa 20 m lange Motorsegler *MS Goggie.* Heute liegt das Holzschiff aufrecht in einer Tiefe von 37 m am Ende einer bizarren, durch große Felsen gekennzeichneten Halde. In zwei Teile zerbrochen ragt der Bug schräg nach oben, dahinter das komplette Heck mit der massiven Holzreling. Durch die Winterstürme weit verteilt liegen hier Einzelteile, wie der Mast und der Kajütaufbau. Man kann in Bug und Heck ein wenig hineintauchen, stöbert aber keine Goldschätze, sondern höchstens einen Drachenkopf dabei auf. Nach Erkundung des Wracks schwebt man die Felshalde empor, die bei einer Tiefe von 30 m in eine Steilwand übergeht. Hier kann man einen Durchbruch durchschwimmen, viele Seesterne, Muränen und Mönchsfische beobachten und im Sommer sogar häufig Adlerrochen antreffen.

Die MS Goggie *ruht zwischen Mallorca und Dragonera auf dem Meeresgrund.*

Bis zu 20 cm lang kann die Gelbviolette Sternschnecke (Hypselodoris elegans) werden. In den klaren Gewässern zwischen Mallorca und der Naturpark-Insel Dragonera (unten) kann man ihr begegnen.

Kap Tramontana: Am Nordende der Insel Dragonera muss man sich für eine von zwei möglichen Tauchrichtungen entscheiden. Richtung Westen kommt man zu den Unterwasserbergen (Kap Tramontana), taucht man hingegen nach Osten, so gelangt man zum »Barrakuda Point« (siehe dort).
Beim »Kap Tramontana« schwebt man bei meist hervorragenden Sichtweiten von bis zu 50 m durch eine »schweizerisch« anmutende Unterwasserlandschaft. Etwa 50 m vor der Küste erheben sich vielfältig geformte Untiefen bis in etwa 15 m Wassertiefe. Die Außenkanten dieser felsigen Landschaft fallen bis weit unter die Sporttauchgrenze ab. Vorsicht ist geboten, da aufgrund der guten Sicht die Tiefe leicht unterschätzt wird! Man kann jedoch getrost im Bereich zwischen 20 und 30 m bleiben, denn hier sorgen unzählige Löcher und Spalten voll reichhaltigem Leben für Abwechslung. Die Mittelmeer-Muräne scheint sich gerade hier besonders wohl zu fühlen, denn man trifft sie besonders zahlreich an. Auffällig ist auch die große Anzahl von kapitalen Drachenköpfen.
Natürlich lassen sich auch Langusten, Kraken, Zackenbarsche sowie Vertreter der restlichen Mittelmeerfauna beobachten. Zum Austauchen folgt man den Hängen der ansteigenden Unterwasserberge nach oben, bis zu einer Felszunge und schwebt entlang der Küste bei meist leichter Strömung zurück zum Ausgangspunkt. Hier lässt sich die Zeit auch noch mit dem Beobachten von Schleimfischen auf angenehme Weise verbringen.

Barrakuda Point: Die östliche Tauchrichtung (siehe »Cap Tramontana«) zeichnet sich weniger durch spektakuläre Felsformationen aus wie durch das Vorkommen riesiger Barrakudaschwärme. Fast das ganze Jahr sind diese beeindruckenden Raubfische hier in großer Zahl anzutreffen! Aber auch andere Fischschwärme wie Mönchsfische, Brassen, Goldstriemen und Meeräschen machen diesen Platz zu einem echten Erlebnis! Es ist einer der fischreichsten Tauchplätze, da er am Eingang des Kanals zwischen Dragonera und Festland liegt und sich hier durch Strömungen viele Nährstoffe befinden. Betauchbar in allen Tiefen.

La Cueva: Die Tropfsteinhöhle an der Außenseite der Insel Dragonera ist ein absolutes Highlight, allerdings nur für erfahrene Taucher! In 20 m Tiefe führt ein mit Schwämmen, Nelkenkorallen und Krustenanemonen dicht bewachsener Eingang etwa 30 m weit in den Berg hinein. Dann geht es in einem geräumigen Kamin, dessen Wände aus beeindruckenden Tropfsteinformationen bestehen, nach oben bis zu einer Luftblase. Hier kann bedenkenlos geatmet werden, da eine Verbindung nach außen besteht. Das etwa 10 m lange und bis zu 3 m hohe Gewölbe ist gespickt mit Stalaktiten! Insgesamt befindet sich hier ein weitläufiges Höhlenlabyrinth, das jedoch aus Sicherheitsgründen von uns Sporttauchern nicht betaucht werden sollte! Sehr viele Scherengarnelen,

Felsgarnelen, Einsiedlerkrebse, Bärenkrebse und Leopardschnecken lassen sich auch hier, in dem leicht zugänglichen Höhlenbereich beobachten. Besonders beeindruckend ist es, die letzten Meter aus der Höhle heraus die Lampen auszuschalten und durch die Dunkelheit zwischen zahlreichen Soldatenfischen ins leuchtend blaue Meer zu schweben.

Kap Llebeitx: Das südliche Ende der Insel Dragonera ist gekennzeichnet durch zwei Felsplateaus und eine Steilwand mir riesigen Überhängen, die bis auf 50 m Tiefe abfällt. Viele Zackenbarsche und Muränen bewohnen die zahlreichen Löcher und Spalten in der wirklich beeindruckenden Felswand. Brassen- und Barrakudaschwärme ziehen davor ihre Runden, und in den Sommermonaten ist die Wahrscheinlichkeit ziemlich groß, Adlerrochen zu begegnen! Bei zeitweiliger Strömung schwanken die Sichtweiten zwischen 25 und 40 m.

Insel Mitjana: Ein markanter Fels ragt auf einer Länge von etwa 50 Metern mitten im Kanal zwischen Dragonera und San Telmo aus dem Wasser. Unter der Oberfläche setzt er sich nochmals um etwa 300 Meter fort. Der steil abfallende Fels verläuft sich in 20 m Tiefe im ebenen Sandgrund. Besonders an windstillen, sonnigen Tagen herrschen hier extrem gute Sichtweiten bis zu 50 m!
Großflächige Posidoniawiesen, gespickt mit riesigen Steckmuscheln, wechseln sich mit dem Sandboden ab. Zahlreiche Fischschwärme wie Ringelbrassen, Zweibindenbrassen und Mönchsfische leben hier. Entlang der Felsformation gibt es zwei Höhlen zu erkunden. Die eine endet in einem Tunnel; die andere misst etwa 20 m im Durchmesser und ist über zwei Eingänge bequem mit mehreren Tauchern gleichzeitig betauchbar. Innen befinden sich zahlreiche Röhrenwürmer, Zylinderrosen, Soldatenfische, Garnelen und Zackenbarsche.
An Tagen mit Nordwind kann hier jedoch auch starke Strömung vorhanden sein!

El Toro: Im Windschatten der kleinen Leuchtturminsel fällt der Anker in 7 m Tiefe. Direkt daneben beginnt eine Steilwand, die einen zunächst senkrecht bis in den 15-m-Bereich führt und dann schließlich über grobes Blockfeld steil bis zum ebenen Sandgrund in 42 m Tiefe abfällt. In den Spalten und Löchern zwischen den verstreut liegenden Felsen findet man Langusten, Drachenköpfe, Conger und Muränen. Einige dieser Steinblöcke markieren Putzerstationen, an denen man nicht selten einzelne Barrakudas aus nächster Nähe beobachten kann. Beim Höhertauchen trifft man dann meist die restlichen Vertreter einer großen Schule Barrakudas. Auch junge Zackenbarsche scheinen diesen Platz zu mögen, da man sie immer wieder hier findet.

Seepferdchen (oben) und Muräne (unten) sind beides Räuber, jedoch bevorzugen sie ein sehr unterschiedliches Nahrungsspektrum.

Zackenbarsch (oben) und Meerrabe (unten) bewohnen beide Grotten und Felsspalten. Der Meerrabe wird hier von einer parasitischen Fischassel geplagt.

U-Boot: Nach 20-minütiger Fahrt im Schlauchboot von »Maritim Diving« erreicht man die der Küste vorgelagerte Isla de Sech. Etwa 50 m im Durchmesser misst der Felsen, der aus dem Meer ragt. Mehrere massive Bojen wurden für das Touristen-U-Boot *Nemo* gesetzt, das hier mit seiner wasserscheuen Besatzung mehrmals täglich seine Runden dreht. Von der U-Boot-Gesellschaft extra gekauft und als Attraktion versenkt, liegt hier ein kleines Holzwrack auf 20 m Tiefe.
Vom Ankerplatz in 7 m Wassertiefe taucht man zunächst über Seegraswiesen entlang der schräg abfallenden Felsformation der Insel dahin. Kleinere Überhänge bringen etwas Abwechslung in den vorerst eintönigen Tauchgang. Nach etwa 10 Minuten gelangt man zu dem kaum 20 m langen und bereits stark zerfallenen Schiffswrack. Kurz vor dem Wrack verrät eine dicke Eisenkette den »Parkplatz« des Unterseebootes. Hat man Glück, so kommt während eines Tauchganges das U-Boot und dockt für kurze Zeit an. Daraufhin füttern einige begleitende Taucher die an das »große Fressen« gewöhnten Brassenschwärme und winken den Touristen hinter den Bullaugen zu. Solange das U-Boot hält, kann man sich ihm auch selbst nähern und irgendwelche Späße treiben. Nach etwa einer Viertelstunde hat das Schauspiel ein Ende, und das Boot verschwindet im meist nicht sehr klaren Wasser hinter dem nächsten Felsvorsprung der Insel. Zurück bleiben die gefütterten Brassen und häufig auch eine Schule von Barrakudas.
Erwischt man das U-Boot gerade einmal nicht, stellen die angefütterten Fische die einzige Attraktion dieses Platzes dar.

Las Tres Cuevas del Dique: Unterhalb des Königspalastes »Marivent« befinden sich drei betauchbare Höhlen. Nach nur 5 Minuten Fahrzeit ist dieser seichte Tauchplatz erreicht. Der Eingang der ersten Höhle führt einen in 6 bis 9 m Tiefe in einen herrlich mit Krustenanemonen, Moostierchen und Schwämmen bewachsenen, geräumigen Tunnel. Nach einer Tauchstrecke von etwa 10 m weitet sich der Gang zur Halle mit betauchbarem Durchbruch bis zur Wasseroberfläche. Das hier einfallende Sonnenlicht führt zu kuriosen Lichtspielen! Weiter geht es durch eine anschauliche Felshöhlenlandschaft, bis man nach 30 Meter die Höhle wieder verlässt. Meerraben scheinen die einzigen größeren Bewohner des Gangsystems zu sein. Auf dem Weg zur zweiten Höhle schwebt man zwischen unzähligen Brassen und Mönchsfischen entlang interessanter Felsformationen. Der zweite Höhleneingang befindet sich zwischen 8 und 9 m Tiefe. Ein schlundartiges Eingangsportal führt in eine ausgewaschene Kathedrale, in der man bis zur Wasseroberfläche auftauchen kann. Dort erwarten einen Tropfsteinformationen, die das Alter der Höhle erahnen lassen. Die dritte Höhle schließlich bohrt sich in 12 m Tiefe in die Küstenlinie von Mallorca. Zipfelmützenartig verjüngt sich der geräumige Eingang bis an die Wasseroberfläche. Auch hier kann man ganz auftauchen.

Play Dorada: Nur eine 5-minütige Bootsfahrt trennt die Tauchbasis Maritim Diving in Illetas von 3 faszinierenden Wracks. Am Ankerseil geht es auf eine Maximaltiefe von 27,5 Meter. Schon nach etwa 10 Meter lässt sich schemenhaft erkennen, was sich einem hier unter Wasser bietet. Langsam erscheint das 60 m lange Wrack in seiner vollen Größe. Vor mittlerweile 8 Jahren wurde das imposante Küstenfrachtschiff als Tauchattraktion in der Nähe des Königspalastes »Marivent« versenkt. Je nach Ausbildungsstand sind hier leichte bis anspruchsvolle Wracktauchgänge möglich. Normalerweise taucht man zunächst um das komplette Schiff herum, um einen ersten Gesamteindruck zu erhalten. Danach taucht man seitlich höher, bis man zu der nach jeder Seite offenen Heckreling gelangt.
Mit dem behaglichen Gefühl, jederzeit wieder ins Freiwasser entschweben zu können, lässt sich der gesamte Heckbereich gefahrlos erkunden. Röhrenwürmer und Federsterne, Moostierchen und Schwämme haben das Schiff schon als neuen Wohnraum akzeptiert, und auch Brassenschwärme scheinen sich in seiner Gegenwart wohl zu fühlen.
Erfahrene Wracktaucher können im Heckbereich durch ein kleines Loch direkt in den Maschinenraum eindringen. Von hier aus hat man die Möglichkeit, über die Mittelgangway in die nächste Etage und in die Mannschaftsräume zu tauchen. Da diese Räumlichkeiten in der 2. Etage sehr eng und niedrig sind, ist der Tauchgang nur für wirkliche Wracktaucher empfehlenswert!
Zurück geht es über die Mittelgangway in den offenen Heckbereich und ins Führerhaus.
Der Sicherheitsstopp am Ankerseil sollte keinesfalls ausgelassen werden!

Parina: Nur 50 m von der *Play Dorada* entfernt ruht der Küstenfrachter *Parina* kieloben auf ebenem Grund. Vor 6 Jahren hatte der 50 m lange Frachter eine folgenschwere Kollision mit einem Zweimaster. Beide Schiffe verkeilten sich ineinander und sanken auf 28 m Tiefe. Personen kamen bei diesem Unglück nicht zu Schaden.
Man kann bequem in die Innenräume des vom Bug der *Parina* aufgerissenen Zweimasters tauchen und sich von der Zerstörungskraft einer Kollision zweier unterschiedlich großer Schiffe überzeugen. Der Heckbereich der *Parina* lässt sich nur von außen betauchen. In Acht nehmen sollte man sich vor den vielen Fischernetzen, die sich hier im Laufe der Jahre verfangen haben. Unweit der Schraube kann man durch ein Loch in den Maschinenraum blicken. Mannschaftsräume und Führerhaus sind von erfahrenen Wracktauchern ähnlich wie bei der *Play Dorada* zu betauchen.
Vorwiegend Haarsterne, Röhrenwürmer und Schwarmfische haben das Wrack in der kurzen Zeit als neue Wohnstätte akzeptiert. Bemerkenswert ist ein Makrelenschwarm, der sich oft über den Wracks aufhält. Hat man noch genug Luft in der Flasche, so kann man noch einen kurzen Abstecher zu einem

weiteren Wrack unternehmen. Nur etwa 20 m von der Backbordseite der *Parina* entfernt liegt ein alter Dreimastschoner, über den leider keine weiteren Daten bekannt sind. Auch ist er schon relativ stark zerfallen und weitgehend im Sand versunken.

Cap Figuera: Am äußersten Punkt der Westseite der Bucht von Palma zieht sich eine Landzunge aufs offene Meer hinaus – das Kap Figuera. Charakterisiert ist dieser Tauchplatz durch eine Steilwand und viele Felsformationen, die einen bis auf 30 m Tiefe führen. Entlang der schön bewachsenen Felswand tauchend, begegnet man Kraken und Muränen, Mönchsfischen, Brassen, Sardinen, Meerraben, Makrelen, und hin und wieder ziehen auch Barrakudas vorbei.

Cap des Llamp: Südlich von Port d'Andratx liegt dieser Tauchspot, der eine schöne Grotte mit einem gemütlichen Steilwandtauchgang verbindet. Direkt unterhalb der 300 m hohen Felsküste befindet sich in 20 m Tiefe der geräumige Höhleneingang. Schon nach wenigen Metern wird die kleine Halle jedoch enger. Man sollte vorsichtig knapp über dem schlammigen Grund bleiben, denn an der Höhlendecke führt ein zweiter Gang blind in den Fels. Bald reicht die Höhlenbreite nur mehr für einen Taucher und auch die Decke kommt immer näher. Bleibt man ruhig und legt etwa 8–10 m in dem engen Tunnel zurück, so wird man mit der Ankunft in einen großen Saal belohnt. Nur wenig Bewuchs findet sich in der dunklen Halle. Beim Zurücktauchen stellt sich heraus, ob der Flossenschlag behutsam genug war, andernfalls ist die Sicht sehr stark eingeschränkt. Befindet man sich allerdings einmal in dem engen Gang, kann man sich nicht mehr verirren und nimmt bald wieder den tiefblauen Schein des Höhlenausganges vor sich wahr. Es lohnt sich jedoch nicht, den gesamten Tauchgang innerhalb der Höhle zu verbringen. Unterhalb des Einganges liegen viele Felsblöcke, zwischen denen sich so mancher kapitale Zackenbarsch verbirgt. Auch der relativ kahlen Steilwand entlang zu tauchen macht Spaß.

Der Nordwesten

Na Foradada: Etwa eine halbe Stunde südlich von Port de Sóller, erreicht man die Bucht von Na Foradada. Man taucht um die Landzunge herum und wird nach den hier besonders zahlreich vorkommenden Mönchsfischen vermutlich bald auf eine große Schule Barrakudas treffen. Diese fehlen hier in den Sommermonaten nur, wenn die meist leichte Strömung einmal ganz zum Stillstand

kommt. Die Formation aus großen Felsblöcken wechselt sich mit kleineren Felswänden und Überhängen ab, die durchzogen sind von Spalten und Höhlen der unterschiedlichsten Größe. Wenige Torbögen und Höhlen können betaucht werden und offenbaren uns Hummer, Drachenköpfe, Conger und Muränen. Zackenbarsche und Meerraben scheinen die Eingänge zu bewachen.
Im seichten Wasser findet man oft mehrere Arten von bunten Nacktschnecken oder kann die letzten Atemzüge zwischen Brassenschwärmen verbringen.

Sa Cova Blava: Nur nach 15-minütiger Fahrzeit im Tauchkutter von Port de Sóller gelangt man zu der bekannten »Blauen Grotte«. In maximal 15 m Wassertiefe erstreckt sich eine gewaltige Höhle in die steile Felswand. Mit etwa 35 m Länge, 15 m Breite und 8 m Höhe ist das Gewölbe groß genug, eine ganze Tauchergruppe auf einmal aufzunehmen. Die zerklüfteten und reich bewachsenen Höhlenwände bieten einer reichen Tierwelt Wohn- und Lebensraum. Junge Langusten und Hummer, Bärenkrebse und Conger, Schleimfische sowie die unzähligen, schön rot gefärbten Meerbarbenkönige geben sich ein Stelldichein.
Entlang der Steilwand geht es danach zurück zum Boot.

Es Juncar: Auch unter dem Namen »Aquarium« bekannt, befindet sich dieser Tauchspot ebenfalls in der Gegend von Port de Sóller. Eine Untiefe erstreckt sich bis auf etwa 3 m unterhalb der Wasseroberfläche und ist damit optimal geeignet, um den letzten Sicherheitsstop gefahrlos vorzunehmen. Die Felsformation fällt steil bis in den 30-m-Bereich ab, wo große Blöcke betauchbare Torbögen und Durchgänge geschaffen haben. Schwärme von Meerraben, Hummer und Conger kann man hier antreffen. Begegnungen mit großen Schulen von Barrakudas und mehreren Arten von Brassen sind an der Tagesordnung. In 15 m Tiefe herrschen ausgedehnte Seegrasbestände vor, die eine reiche Tierwelt beherbergen. Nicht nur Jungfische der unterschiedlichsten Familien lassen sich hervorragend beobachten, sondern mit etwas Glück sogar das ein oder andere Seepferdchen.

El Colomer: Nur für erfahrene Taucher! Bei ruhiger See umrundet man von Port de Pollenca aus das Cap de Formentor und erreicht bald die kleine Insel Es Colomer, die durch einen 70 m breiten Kanal vom Festland getrennt wird. Knapp über 100 Meter ragt die kahle Felsspitze steil über die Wasseroberfläche empor. Und so ähnlich muss man sich auch ihren Fortgang unterhalb der Wasserlinie vorstellen. Etwas unterhalb der Südspitze kann das Tauchboot ankern. Im 15-m-Bereich taucht man zur südwestlichen Spitze der Insel und findet einen geräumigen Tunnel, der mit etwa 40 m Länge und 4 bis 5 m Durchmesser die gesamte Insel durchbohrt. Danach folgt man der Steilwand nach Norden und erreicht bald eine Tiefe von 40 Meter. Durch die ständige

Stürme und Untiefen sind diesem Schiff vor der Westküste Mallorcas zum Verhängnis geworden.

Ein mit lebendiger Kruste überzogener Anker als Attraktion für Taucher.

Reich bewachsener Überhang der Insel Dragonera.

Strömung in dem schmalen Meereskanal konnte sich hier eine fabelhaft ausgeprägte Fauna von Planktonfängern entwickeln. Rote Gorgonien kämpfen mit Schraubensabellen und Moostierchenkolonien um die besten Standorte, während sich Meerbarbenkönige und Fahnenbarsche dazwischen tummeln. Wagt man sich noch etwas weiter in die Tiefe, so kann man an so mancher Decke der zahlreichen Höhlen und Löcher sogar noch kleine Exemplare der Edelkoralle finden!

Cap de Catalunya: Das Cap de Formentor muss man auch bei diesem Tauchplatz umrunden; und das ist nur bei wirklich gutem Wetter möglich. Knapp neben der fast 300 m hohen Felsmasse des Cap de Catalunya beginnt ein Tauchgang, der einen theoretisch bis weit über die Sporttauchgrenze führen könnte. Anfänger und Draufgängertypen haben hier nichts verloren! Man braucht der Steilwand allerdings nicht bis in verbotene Tiefen zu folgen, um einen unvergesslichen Tauchgang zu erleben. Auch im 30-m-Bereich wimmelt es nur so von Leben. Massenhaft Löcher und Spalten lohnen, näher begutachtet zu werden. Langusten, Muränen, Drachenköpfe und Konsorten warten nur darauf, entdeckt zu werden. Charakteristisch für diesen Tauchspot sind allerdings die Gelben Gorgonien. Ihr verzweigtes Geäst ragt besonders hier zahlreich vom schroffen Fels. Kann man es doch nicht lassen und taucht tiefer, gelangt man etwa ab der 40-m-Marke zu den Roten Gorgonien, die nicht nur durch den beginnenden Tiefenrausch immer größer werden, je weiter man nach unten kommt.

Grotte des Hieronymus: Ein wenig südöstlich des Cap de Formentor befindet sich eine der faszinierendsten Unterwassergrotten von ganz Mallorca. Um die Grotte des Hieronymus (Cova d`en Jeroni) zu erreichen, startet man am besten wieder von Port de Pollenca aus. Zwischen Cala Murta und Cala en Gossalba liegt der Eingang knapp unterhalb der Wasseroberfläche. Lediglich eine kleine Felsspalte weist den Weg zur Höhle. Direkt vor der Felswand taucht man ab und kann den riesigen Eingang, der schon auf 2 m Tiefe beginnt, gar nicht verfehlen. Nach einer Tauchstrecke von etwa 10 m kann man schon wieder auftauchen. Es ist also auch leicht möglich, in die Grotte apnoe hineinzuschnorcheln. Erst wenn sich die Augen an das Dämmerlicht gewöhnt haben, lässt sich das fantastische Szenario vollends genießen. Man schwimmt inmitten eines »Sees« von vielleicht 100 m Durchmesser, der durch den Höhleneingang vom Tageslicht tiefblau illuminiert wird. Die Höhlendecke befindet sich schätzungsweise 20 m über der Wasseroberfläche. Im hinteren Teil der Grotte kann man an Land gehen und die Weihnachtskrippe eines mallorquinischen Tauchclubs bewundern. Taucherisch gesehen lohnt es sich mehr, den UW-Teil der Grotte näher zu betrachten und zwischen den großen Felsblöcken vor dem Höhleneingang Meereslebewesen zu entdecken.

Der Nordosten

Cap des Freu: Nur wenige Seemeilen nördlich von Cala Rajada taucht man entlang von Steilwänden und farbenfroh bewachsenen Felsbrocken. Am Sandgrund in etwa 30 m Tiefe liegt ein alter Tresor, der von neugierigen Tauchern gerne geöffnet wird, aber leider leer ist. Daneben hängen einige abgerissene Fischernetze über den schroffen Felsen und bilden eine eindrucksvolle Kulisse. Im Sandgrund verborgen können mit etwas Glück Stachelrochen und andere Bodenbewohner beobachtet werden. Die Felswand selbst ist von vielen Spalten und kleinen Höhlen durchsetzt und bietet so manchem Fisch oder Krebstier Unterkunft. In jedes dunkle Loch hineinzuleuchten lohnt sich hier immer. Auch einige betauchbare Grotten und Durchbrüche lassen sich erkunden. Summa summarum – ein gemütlicher Erlebnistauchgang.

Kathedrale: Die schönste Tropfsteinhöhle Mallorcas! Sie sollte nur in kundiger Begleitung betaucht werden, da man sich sonst in der riesigen Grotte mit mehreren Gängen leicht verirren kann. Unweit von Cala Rajada ankert das Tauchboot im Flachwasser direkt vor dem Höhleneingang. Nur wenige Meter unterhalb der Wasseroberfläche öffnet sich die riesige Pforte in die »Unterwelt«. Bald teilt sich der breite Hauptgang in zwei ebenfalls geräumige Gänge. Wählt man den rechten, so gelangt man nach etwa 60 Metern vom Eingang aus gerechnet in einen breiten Saal. Taucht man hier auf, so ist man sicherlich von dem riesigen Gewölbe voll bizarrer Tropfsteingebilde überrascht. Im Schein der Taucherlampe leuchten die zahlreichen Zapfen und Türmchen in den verschiedensten Gelbtönen. Unter kundiger Führung lohnt sich am Rückweg auch ein Besuch des linken Hauptganges, der sich allerdings mehrfach verzweigt.

Mero-Hausriff: Direkt vom Tauchclub Mero in Cala Rajada aus kann man diesen interessanten Tauchgang starten, der sich auch bestens als Nachttauchgang durchführen lässt. Über die flache, steinige Bucht erreicht man bald einige betauchbare Durchbrüche und Grotten, in denen es von buntem Leben nur so wimmelt. Über den Sand- und Seegrasflächen zwischen den großen Felsbrocken tummeln sich Brassenschwärme, und in den Grotten und Höhlen findet man auch den ein oder anderen Zackenbarsch. Durch die große Anzahl an Tauchern haben sich die Fische an das »Geblubbere« gewöhnt und ihre Fluchtdistanz deutlich verringert. Es macht auch Spaß, mit einem ausgeliehenen UW-Scooter die ganze Bucht abzufahren!

Insel Farallo: Nur einige hundert Meter dem Hafen von Cala Rajada vorgelagert, liegt eine winzige Insel, die ein überraschend gutes Tauchgebiet darstellt. Innerhalb eines Tauchganges kann man sie bequem umrunden und dabei

den Tauchgang vollends genießen. Die interessanteste Stelle befindet sich an der südöstlichen Spitze des Eilandes. Dort durchzieht ein leicht betauchbarer Tunnel die gesamte Insel und teilt sich kurz vor seinem Ende in drei Ausgänge, durch die das tiefe Blau des Freiwassers hereinstrahlt. An der Außenseite fällt eine kleine Steilwand bis in den 20-m-Bereich ab, um dort in Sandgrund und Seegraswiese überzugehen. Durch die ständige Wasserbewegung hat sich speziell bei den Tunneleingängen eine Vielfalt von filtrierenden Meeresorganismen niedergelassen.
Großflächig überziehen Schwämme, Seescheiden, Moostierchenkolonien und Korallenpolypen den ehemals blanken Fels. Aber auch Zweige von Gelben Gorgonien sind hier anzutreffen. Durch die leichte Erreichbarkeit – natürlich auch für die Harpunettis – haben sich leider die reichen Fischbestände inzwischen stark dezimiert. Die wenigen noch vorhandenen Zackenbarsche haben gelernt, sich gut zu verstecken.

Teufelsgrotte: Ihren Namen verdankt die Höhle, die sich in der Nähe von Portocristo befindet, Erzählungen, denen zufolge auch heute noch schwarze Messen in den luftgefüllten Tropfsteingewölben abgehalten werden sollen. Tatsache ist, dass schon des Öfteren abgebrannte Kerzenstummel gefunden worden sind. Manche Taucher behaupten auch beim Eindringen in die Hallen, erschrockene Personen weglaufen gesehen zu haben. Wie auch immer, die Grotte ist interessant zum Betauchen. Im gleichen Ort befinden sich übrigens auch die Drachenhöhlen (touristisch erschlossene Land-Tropfsteinhöhlen), eine der bedeutendsten Sehenswürdigkeiten von ganz Mallorca!
Aber zurück zu unserem Tauchplatz. In 6 m Tiefe befindet sich der nicht zu übersehende, große Eingang zur Teufelsgrotte. Je tiefer man eindringt, um so schmäler wird der Gang, der sich dann jedoch zu einer großen Halle öffnet. Hier kann man auftauchen und die schön geformten Stalaktiten und Stalagmiten bewundern. In dem zwischen 5 und 10 m hohen Gewölbe kann man auch an Land gehen und die Höhle theoretisch über einen engen Gang am Landweg verlassen. Auch unterhalb des Wasserspiegels findet man einige Tropfsteingebilde, die allerdings zum Teil abgebrochen und mit Schwämmen und Kalkröhrenwürmern überzogen sind.

Der Südosten

Es Fred: Ein wenig südlich von Porto Colom ragt ein kleines, der Küste vorgelagertes Inselchen nur einige Meter aus dem Meer. Ein Felsplateau in 8 m Tiefe ist der Anker- und Ausgangspunkt für einen meist sehr lohnenswerten Tauchgang. Über ebenen Felsgrund schwebt man zunächst auf der dem Festland zugeneigten Seite entlang der Insel, bis man etwa in der Mitte des Eilandes eine geräumige Öffnung entdeckt. Ein breiter Tunnel erstreckt sich quer durch die gesamte Felsmasse und gibt beim Durchtauchen bald den Blick auf das herrliche Blau des klaren Mittelmeeres frei. Nahezu standorttreu ist rechts vom Ausgang ein schöner Barrakudaschwarm, der an die Taucher gewöhnt ist und sie relativ nahe an sich herankommen lässt. Im 10-m-Bereich folgt seewärts bald eine Abbruchkante von wenigen Metern, die von Überhängen und betauchbaren Grotten durchzogen ist. Folgt man dem Fuße der Abbruchkante in etwa 15 m Wassertiefe kontinuierlich nach links (Blickrichtung auf's offene Meer), so erreicht man nach einigen Minuten den Eingang zu einer schönen Grotte. In 17 m Tiefe tut sich eine Grotte von der Größe einer Doppelgarage auf, die von mehreren Felssäulen gestützt wird. Drei Ausgänge lassen genügend Licht herein, um auch ohne Lampe hindurchtauchen zu können. Das wäre aber ein Fehler! Denn erst im Schein der Tauchlampe wird die fantastisch bewachsene Höhlendecke sichtbar. Gelbe Steinkorallen, Krustenanemonen, Moostierchenkolonien, Seescheiden und Schwämme lassen kein Fleckchen vom blanken Fels mehr erkennen. Auch die Heerschar von roten Meerbarbenkönigen machen die Grotte äußerst sehenswert. Größere Fische wie Muränen und Congeraale sind ebenfalls regelmäßig anzutreffen. Beim Austauchen am flachen Felsriff unter dem Boot findet man oft Kraken.

Arabica: Nach kurzer Bootsfahrt von Porto Colom aus erreicht man eine faszinierende UW-Höhle. Am Fuße eines V-förmigen Felseinschnittes bohrt sich in 16 m Wassertiefe ein breiter Tunnel in die Küstenlinie von Mallorca. Nach einer Tauchstrecke von etwa 25 m weitet sich die Röhre zur geräumigen Halle mit einem Durchmesser von etwa 10 Meter. Hier führt ein Kamin senkrecht nach oben bis zu einer Luftblase. Taucht man jedoch vorher schon links schräg nach oben, erreicht man einen bequemen Höhlenausgang in 4 m Tiefe. Hier lässt man sich entweder die Steilwand hinunterfallen bis zum felsigen Grund in 17 Meter, um dort die zahlreichen Löcher und Spalten nach Langusten, Muränen und Drachenköpfen zu durchsuchen. Oder aber, man taucht in der Höhle zurück bis zum Boden des Mittelteiles und zweigt in einen weiteren Gang (von hier aus kommend) nach links ab. Dieser führt ebenfalls schräg nach oben, mündet nach einigen Metern in einer kleineren, länglichen Halle und besitzt ein Fenster nach draußen. Dieses ist allerdings zu klein zum Durchtauchen. Man kann sich lediglich am bläulich hereinschimmernden

Licht erfreuen. In der Höhle selbst begegnet man immer wieder Meerraben, Congern, Langusten und speziell im Frühjahr vielen Bärenkrebsen.

Leuchtturm: Gefahrloser Tauchspot, der sich auch für Nachttauchgänge bestens eignet. Am Ausgang der riesigen Bucht von Porto Colom befindet sich links ein Leuchtturm. Am Fuße des Kaps taucht man ab und schwebt der Felswand entlang bis in den 20-m-Bereich. Hier am Übergang zwischen Steilwand und Sandgrund liegen große Felsblöcke derart übereinander gestapelt, dass sie einige betauchbare Überhänge bilden. Zackenbarsche, Muränen, Drachenköpfe und Conger hausen darin. Der Steilwand entlang taucht man am besten Richtung Norden. Es lohnt sich, auch die Sandfläche, die bald in eine Seegraswiese übergeht, näher zu untersuchen. Neben Stachelrochen und Flughähnen wurden hier auch öfters große Seeteufel gesehen, die normalerweise deutlich tieferes Wasser bevorzugen. Mit Glück findet man auch ein Seepferdchen oder eine Seenadel zwischen den Grashalmen der Posidoniawiesen.

Cala sa Nau: Zwischen Porto Colom und Cala d'Or befindet sich diese leicht zu betauchende Grotte von riesigem Ausmaß. In der geringen Tiefe von nur 9 m öffnet sich ein gut 10 m breiter und mehrere Meter hoher Spalt – der Höhleneingang. Der teils sandige, teils felsige Bodengrund kann nicht so leicht aufgewirbelt werden. Schon nach kurzer Tauchstrecke erblickt man linker Hand tiefe Spalten, die mit verkrusteten Tropfsteingebilden bedeckt sind. Dazwischen halten sich normalerweise immer Meerraben und auch Zackenbarsche auf. Man kann die große Strecke von schätzungsweise 80 Meter in die gewaltige Grotte hineintauchen und sieht noch immer den Eingang bläulich leuchten. Auch gibt es weder enge Verzweigungen noch feinen Schlamm als Bodengrund. Daher spricht nichts dagegen, auch unerfahrenen Tauchern dieses beeindruckende Höhlenerlebnis zu gönnen. Etwa in der Mitte der Grotte erhebt sich eine große Säule. Taucht man hier vorsichtig auf, so befindet man sich in einer luftgefüllten Blase mit einer Ausdehnung von vielleicht 10 mal 20 Metern. Von der niedrigen Höhlendecke glänzen zahlreiche Stalaktiten herunter. Im hinteren Teil findet man am Sandboden viele Felsgarnelen zwischen den prächtig anzusehenden Schraubensabellen. Auch Mittelmeerkaurischnecken halten sich hier gerne auf!

Na Seca: Nördlich von Cala d'Or, nur 200 m vor der Küste, liegt ein Felsplateau gleich einer versunkenen Insel am Meeresgrund. Umrundet man die Plattform im 20-m-Bereich, so findet man viele Vertreter der Mittelmeerfauna. Auch einige betauchbare Löcher und Grotten liegen am Weg, die größte davon an der östlichen Seite des Felsplateaus. Zackenbarsche, Meerraben und Gabeldorsche sind hier besonders häufig. Meist erblickt man im Freiwasser auch einen kapitalen Schwarm von Barrakudas, der jedoch sofort das Weite sucht, wenn man sich von unten nähert (Luftblasen!).

Kein Planktonteilchen entkommt der Tentakelkrone einer Schraubensabelle (Spirographis spallanzani).

Größere Ansammlungen von Edelkorallen sind leider heute schon sehr selten.

Die Inselwelt von Cabrera

Das Archipel von Cabrera liegt etwa 6 Meilen vor der Südspitze von Mallorca. Es besteht aus 18 Inseln und Inselchen, wovon Cabrera selbst mit einer Fläche von 1569 Hektar die wichtigste und größte ist. Das militärische Sperrgebiet wurde 1991 aufgrund seiner außergewöhnlichen Natur- und Landschaftswerte – sowohl an Land als auch unter Wasser – zum Nationalpark erklärt und kann nun an wenigen Stellen besichtigt und auch betaucht werden. Der ursprüngliche Baumbestand der trockenen und schroffen Felsinsel ist durch Verbiss von verwilderten Ziegen fast vollständig vernichtet worden und längst flachen Rosmarinpolstern gewichen. Bemerkenswert ist die große Anzahl von Vogelarten, wovon die auch hier brütenden Riesensturmtaucher, Seeadler und Eleonora-Falken sicherlich am beeindruckendsten sind.
Zwei Gebiete an der N-Küste der Insel sind für das Tauchen freigegeben. Man benötigt dafür allerdings eine extra Genehmigung vom Nationalpark-Büro in Palma (wird von Tauchbasis erledigt). Wegen Strömungen und leicht erreichbarer großer Tiefe sind Unterwasserausflüge um Cabrera nur erfahrenen Tauchern zu empfehlen!
Taucherisch interessant ist das kleine Eiland vor allem wegen des langjährigen Fischverbotes und seines kristallklaren Wassers, das sich durch die Abgeschiedenheit von Mensch und Umweltverschmutzung sowie die ständigen Meeresströmungen leicht erklären lässt. Reich bewachsene Steilwände und Grotten sowie zahlreiche Zackenbarsche in allen Größenordnungen prägen hier das Bild (nirgends auf den Balearen gibt es so viele Zackenbarsche wie hier!). Sogar die auf den gesamten Balearen äußerst seltenen Roten Gorgonien findet man in rauen Mengen! Mit etwas Glück trifft man sogar Mondfische oder Thune im fantastisch transparenten Wasser an.
Aufgrund der relativ großen Entfernung von den Tauchbasen der Südküste Mallorcas, den benötigten stabilen Wetterbedingungen, dem bürokratischen Aufwand und nicht zuletzt der ausreichenden Anzahl an fortgeschrittenen Tauchgästen wird dieses vermutlich schönste Tauchgebiet Mallorcas leider nur selten angefahren. Als gute Alternative zu den deutschen Tauchbasen kann man auch von Palma aus mit einem mallorquinischen Tauchclub Cabrera besuchen.

Tauchbasen

Illetas:
Maritim Diving S.L.: Alex Hauschild führt seit 1998 diese nette Tauchbasis im Zentrum von Illetas (am Badestrand »La Solana«). Das junge, dynamische Team bringt seine Gäste im vermutlich schnellsten Tauchboot der Insel innerhalb kürzester Zeit zu den schönsten Plätzen der Umgebung. Mit einer

In verfallenen Schiffswracks hausen oft Congeraale und Muränen. Hier sind sie angefüttert und schwimmen dem Taucher entgegen.

Geschwindigkeit von bis zu 40 Knoten können auf Wunsch und bei entsprechenden Bedingungen sogar weiter entfernte Plätze wie Dragonera oder gar Cabrera angesteuert werden! Erwähnenswert ist auch die planmäßige Begegnung mit dem Touristen-U-Boot *Nemo*, das vom benachbarten Magaluf aus seine Runden dreht. Ausrüstungsverleih und -verkauf finden ebenso statt wie die Vermittlung von Unterkünften. Ausbildung erfolgt nach den Richtlinien von CMAS, PADI und FIT. Kindertauchkurse!
Seit Anfang 1999 hat die Basis die exklusive Genehmigung, die zweitgrößte Höhle von ganz Spanien zu betauchen!!! Die »Cueva des Coll« in Felantix ist annähernd 5 km lang und nur maximal 4 m tief. Das weit verzweigte System ist allerdings ausschließlich von »Full Cave« lizenzierten Höhlenspezialisten betauchbar!
Öffnungszeiten: Ganzjährig!
Maritim Diving S.L., Balneario La Solana, E-07183 Illetas/Mallorca. Tel. & Fax: 0034/971/70 37 70 oder Mobil: 0034/639/835 736, E-Mail: info@maritim-diving.de, Homepage: http://www.maritim-diving.de.

Paguera:
Barakuda Octopus Diving: Wolfgang & Sabine Schink führen diese kleine Basis im Keller und Garten ihres Hauses und versprechen familiäres Tauchen. Im Kleinbus mit Anhänger geht es zuerst zum Yachthafen des Nachbarortes und von dort weiter mit dem 8 m langen Schnellboot zu den meist sehr nahe gelegenen Tauchgründen. Der »double tank dive« im Schlauchboot ist allerdings nicht jedermanns Sache, verstärkt aber die familiäre Atmosphäre. Ausbildung erfolgt nach den Regeln von CMAS, VDST, CEDIP und SSI. Es werden auch Druckkammerseminare durchgeführt.
Öffnungszeiten: Anfang März bis Anfang Januar.
Barakuda Oktopus Diving, C/. Monte 7, E-07160 Paguera/Mallorca. Tel. & Fax: 0034/971/68 51 73, E-Mail: info@Baracuda.de, Homepage: http://www.barakuda.de.

Puerto de Andraitx:
Aqua Marine Diving: Direkt im Hafen von Puerto de Andraitx liegt die modern ausgestattete Basis mit Tauchshop von Leo Klein. Mindestens zweimal täglich geht es mit dem ehemaligen Fischerboot *Dugui Sort* zu den nahe gelegenen Tauchgründen. Ausbildung erfolgt nach den Richtlinien von SSI, VDST, BARAKUDA, DAN und CMAS. Zweigstelle im 3 km entfernten Badeort Camp de Mar.
Öffnungszeiten: Mitte März bis Mitte November.
Aqua Marine Diving Center S.L., Almirante Riera Alemany 23, E-07157 Puerto de Andraitx/Mallorca. Tel. 0034/971/67 43 76, Fax: 0034/971/67 4 4 93, E-Mail: amd@2001.es, Homepage: http://www.aqua-marine-diving.de.

El Buceo: Hinter dem örtlichen Yachtclub »Club de Vela« befindet sich die gemütliche Basis von Lothar Manderscheid und seinem Team. Zweimal täglich gelangt man mit ihm innerhalb kurzer Zeit zu den 30 schönsten Tauchspots von SW-Mallorca. Dabei sitzt man entweder im nagelneuen »Stolz der Basis«, einem speziell adaptierten 9-m-Tauchschiff für 20 Personen oder im 7 m langen Kunststoff-Schnellboot. Ausbildung erfolgt nach den Richtlinien von PADI und CMAS.
Öffnungszeiten: März bis Oktober.
El Buceo, Avda. Gabriel Roca 42, E-07157 Puerto Andraitx. Tel. 0034/971/67 42 17, Fax: 0034/971/67 12 17, E-Mail: basis@elbuceo.de, Homepage: http://www.elbuceo.de.

San Telmo:
Scuba Activa: Der sympathische Deutsche Mathias Günther führt im malerischen Badeort San Telmo, abseits vom Massentourismus, seit 1996 diese kleine, höchst gemütliche Basis. Erlebnisreiche Tauchgänge versprechen die fantastischen Tauchgründe, wie etwa die unter Naturschutz stehende Insel Dragonera, die sich direkt vor seiner Haustüre befindet. Aber auch zwei interessante Wracks, Tropfsteinhöhlen und Steilwände sind mit dem nagelneuen und komfortablen 7,5 m langen Speed-Boot (2 x 90 PS) schnell erreicht. Ausrüstungsverleih und -verkauf gehören für Mathias Günther ebenso zum selbstverständlichen Service wie die Vermittlung von Unterkünften (und Mietwagen) aller Preisklassen. Ausbildung erfolgt nach den Richtlinien von CMAS, BARAKUDA, VDST, VDTL, FST, VIT und Cedip bis zum TL.
Öffnungszeiten: Mitte März bis Mitte November.
Scuba Activa, Plaza Mons. Sebastian Grau 7, E-07159 San Telmo/Mallorca. Tel. & Fax: 0034/971/23 91 02, E-Mail: scuba-activa@bitel.es, Homepage: http://www.scuba-activa.de.

Puerto de Sóller:
Octopus Diving Center: Die gut ausgestattete PADI-Tauchbasis mit angeschlossenem Fachhandel befindet sich inmitten des muschelförmigen Naturhafens von Port de Sóller. Bei Halbtages- oder Ganztagesfahrten geht es auf einem der zwei extra umgebauten Tauchschiffe zu den 30 schönsten Plätzen der Umgebung. Reizvoll sind hier vor allem die höhlendurchzogenen Felsmassive aus Granit, über denen im Sommer zahlreiche Barrakudaschwärme patrouillieren.
Die modernst ausgerüstete Tauchbasis besitzt nicht nur eine NITROX-Füllanlage, sondern bietet neben diversen Sonderbrevets auch als derzeit einzige Tauchbasis der Balearen Rebreather-Tauchkurse mit dem Dräger Ray und Dräger Dolphin an!!!

Öffnungszeiten: Anfang Mai bis Ende Oktober.
Octopus Centro de Buceo, Canonge Oliver 13, E-07108 Puerto de Sóller/Mallorca. Tel. & Fax: 0034/971/63 31 33, Mobil. 0034/608/63 17 56, E-Mail: octopus@bitel.es, Homepage: http:// www.bitel.es/octopus.

Pollensa:
Scuba Pollentia: Mit dieser PADI-Tauchbasis lässt sich gut der Norden Mallorcas betauchen. Ihr straff organisiertes Programm bietet täglich einen »double tank dive« inklusive Frühstück an Bord von einem der zwei Tauchboote an. Damit geht es in maximal 45 Minuten zu den schönsten Tauchplätzen der Umgebung, die sich fast ausnahmslos innerhalb der Bucht von Formentor befinden. Aufgrund der langen Anfahrt und des dort häufig hohen Wellenganges wird um das Cap de Formentor leider sehr selten herumgefahren, obwohl sich dort ganz exzellente Tauchgebiete befinden. Das Angebot der Basis umfasst neben einem gut ausgestatteten Verkaufsbereich natürlich den Verleih von Ausrüstung sowie die Vermittlung von Unterkünften. Professionelle Grotten- und Höhlentauchkurse können jederzeit organisiert werden.
Öffnungszeiten: Anfang März bis Ende Oktober.
Scuba Pollentia, Calle Vicente Buades 28, E-07470 Puerto Pollensa/Mallorca. Tel. & Fax: 0034/971/86 79 78, E-Mail: scuba@readysoft.es, Homepage: http://www.readysoft.es/home/scuba.

Cala Ratjada:
Mero Diving: Seit 1970 führt Jaime Ferriol eine der größten und sicherlich ältesten Tauchbasen auf den Balearen. Inmitten der kleinen Felsbucht Cala Lliteras ist sie strategisch bestens gelegen. Direkt vom Ufer aus lassen sich bereits drei verschiedene Tauchspots erkunden. Und in maximal 15 Minuten erreicht man mit den beiden Schnellbooten auch den entferntesten Platz. Bis zu 40 Gäste können so zweimal täglich die schönsten Tauchgründe der Gegend erkunden. Nagelneues Flaggschiff der Basis ist die speziell angefertigte *First Class*, ein Tauchboot der Spitzenklasse, 12 m lang und 460 PS stark. 20 Taucher können mit allen Annehmlichkeiten auch weiter entfernte Tauchspots mühelos erreichen. Das auffallend vielfältige Angebot der Basis umfasst neben Verleih und Verkauf von Tauchausrüstung – selbst 6 Scooter stehen bereit – natürlich auch Unterkunftsvermittlung. 85% der Gäste sind Stammkunden – das spricht für sich! Ausbildung erfolgt nach den Richtlinien von CMAS, SSI, VDST, PADI, FEDAS, PDIA und BARAKUDA. Professionelle Kindertauchkurse ab 8 Jahren werden im flachen Teil der fischreichen Bucht angeboten!
Öffnungszeiten: Ostern bis Anfang November.
Mero Diving, Casa Viking II, Es Pelats, E-07590 Cala Ratjada/Mallorca. Tel.

0034/971/56 60 40, Fax: 0034/971/56 60 41 oder /56 53 84, E-Mail: anfrage@mero-diving.com, Homepage: http://www.mero-diving.com.

Diving Club Font de Sa Cala: Die kleine Basis von Silke & Dieter Dankelmann befindet sich im Club Font de Sa Cala an der Strandpromenade. Von hier geht es im 7,20 m langen Schnellboot mehrmals täglich innerhalb kürzester Zeit zu den umliegenden Tauchgründen. Wem das nicht reicht, der kann bei Nacht am »Hausriff« durch einen kleinen Canyon tauchen und nach Muränen und Bärenkrebsen Ausschau halten. Ausbildung erfolgt nach den Richtlinien von CMAS, BARAKUDA und VDTL.
Öffnungszeiten: April bis Oktober.
Diving Club Font de Sa Cala, Avenida Canyamel, E-07589 Capdepera/Mallorca. Tel.(besetzt zwischen 12.00 und 13.00) & Fax: 0034/971/81 80 36, E-Mail: Nautilus@2001.ES.

Porto Colom:
Bahia Azul Diving: Seit 1971 führt der sympathische Deutsche Ted Fecke in Porto Colom, dem größten Naturhafen Mallorcas, seine perfekt organisierte Tauchbasis samt eigenem Hotel. Nagelneu renoviert bildet das bequeme 18-Zimmer-Haus mit Pool, Sauna und angeschlossenem Restaurant die besten Voraussetzungen für einen gelungenen Mallorca-Aufenthalt. Zweimal täglich (bei Bedarf auch nachts) schippert man in einem der beiden Kutter zu den nahe gelegenen Tauchgründen. Ausbildung erfolgt nach den Richtlinien von CMAS, VDST, VDTL, VETL und Cedip. Ausrüstungsverleih und -verkauf stehen ebenso im Programm wie die Vermittlung von Unterkünften (nicht nur ins eigene Haus). Wer in der Vor- oder Nachsaison anreist, dem bietet Ted Fecke neben Tauchen auch organisierte Touren mit dem Mountainbike oder Jeep ins unbekannte Hinterland der Insel an!
Öffnungszeiten: Ostern bis Mitte November.
Bahia Azul Diving, Ronda Crucero Balear 78, E-07670 Porto Colom/Mallorca. Tel. 0034/971/82 52 80, Fax: 0034/971/82 44 52, E-Mail: bahia-azul@2001.es, Homepage: http://www.bdz.de/diving.

Cala Serena:
Michaels Diving School: Direkt neben Cala D'or, in Cala Serena befindet sich die großzügig und modernst ausgebaute Tauchbasis von Michael Schröder. Mit seinem 8 m langen Schnellboot ist man innerhalb von wenigen Minuten bei einem der 22 angefahrenen Tauchspots. Bei schlechten Windverhältnissen können auch einige Plätze mit einem Kleinbus angefahren und von Land aus betaucht werden. Wenn eine Gruppe erfahrener Taucher zusammen ist und Wind und Wetter mitspielen, wird auch schon mal die Naturpark-Insel Cabrera angefahren! Ausbildung erfolgt nach den Richtlinien von CMAS, VDST,

PADI und SSI. Verleih, Verkauf und Wartung von Tauchausrüstung gehören ebenso zum Angebot von Michael Schröder wie die Vermittlung in eine der mannigfaltigen Unterkünfte der Gegend. Die Basis stellt sich besonders durch gute Organisation, persönlich freundlichen Service und intensive sichere Ausbildung aus dem Rahmen des Üblichen dar.
Öffnungszeiten: Mitte März bis Mitte November.
Michaels Diving School, Avda. de S'Horta s/n, E-07669 Cala Serena/Mallorca. Tel. 0034/971/64 37 15, Fax: 0034/971/64 36 81, E-Mail: info@mds-diving.de, Homepage: http://www.mds-diving.de.

Cala d'Or:
Diving Center Robinson: Im »Robinson Club Cala Serena« befindet sich die kleine Tauchbasis von Armin Korger. In seinem großen Schlauchboot bringt er maximal 12 Gäste zweimal am Tag zu den 18 besten Tauchplätzen der Umgebung. Wenn alle Bedingungen passen, fährt er sogar einmal pro Woche nach Cabrera. Ausbildung erfolgt nach den Regeln von CMAS, VDST und VDTL. Öffnungszeiten: Mitte März bis Anfang November.
Centro de Buceo Robinson, Armin Korger S.L., Avda de S`Horta s/n, E-07660 Cala d'Or/Mallorca. Tel. 0034/971/64 30 42, Fax: 0034/971/65 76 81, E-Mail: armin@bitel.es, Homepage: http://www.robinson-esquionzo.com.
Wenige Kilometer südlich, in Portopetro, hat Armin kürzlich eine weitere Tauchbasis eröffnet (Homepage: http://www.diveportopetro.de).

Ein Meerpfau-Männchen (Thalassoma pavo) schwimmt mit seinem Harem durchs Felsriff.

Menorca

Menorca ist nicht nur wegen seiner Unterwasserwelt einen Besuch wert. Als zweitgrößte Insel der Balearen und Nachbar der »deutsch-spanischen« Insel Mallorca kann sie bis heute ihren Ruf als Geheimtip für Erholungsuchende und Individualtouristen wahren. Glaubt man sich auch an manchen Küstenabschnitten in die »Touristenghettos« Mallorcas versetzt, so gelten doch diese Orte nach wie vor als Ausnahmen in einer großteils unberührten Naturlandschaft. Bekannt wurde Menorca auch als höchst familienfreundliches Urlaubsziel. In vielen Strandanlagen und Clubhotels dreht sich deswegen alles um die jungen Feriengäste. Kinderbetreuung, Animation, Sport, Spiele und Kinderdisco sorgen für Stimmung rund um die Uhr. Wer Ruhe und Entspannung sucht, sollte sich in kleinen Ortschaften im Inselinneren einquartieren und »kinderfreundliche« Clubanlagen meiden.

Die lang gezogene Nordküste Menorcas ist überaus stark fjordartig zerklüftet und nur zum geringen Teil für den Tourismus erschlossen. Die sanftere Südküste sowie die südlichen Bereiche der West- und Ostküste sind weniger gegliedert und weisen vielfach schöne Sandstrände auf. Hier befinden sich die meisten, der zum Großteil erst in den letzten Jahren entstandenen Feriensiedlungen und Hotelbauten. Angenehm fällt jedoch auch hier das weit gehende Fehlen von etagenreichen Bettenburgen auf.

Obwohl der Fremdenverkehr mittlerweile 60% der Gesamteinnahmen Menorcas ausmacht, entschied man sich hier gegen eine weitere Zersiedlung und einen Ausverkauf der Landschaft für touristische Einrichtungen. Vor allem mit Schuh- und Schmuckherstellung steht die menorquinische Kleinindustrie an wirtschaftlicher Bedeutung an zweiter Stelle, noch knapp vor Ackerbau und Viehwirtschaft.

Das Landschaftsbild Menorcas ist geprägt von flachen Hügeln, ausgedehnten Ebenen und tiefen Schluchten (im Süden). Rund um den höchsten Berg (Monte Toro, 357 m) im Zentrum der Insel erstrecken sich die größten Waldgebiete; Kiefern, Steineichen und wild wachsende Olivenbäume herrschen vor. Sofort ins Auge fallen die überall gegenwärtigen Trockensteinmauern (»Parets seques«), welche die Insel in unzählige Parzellen aufteilen. Nach alter Tradition werden sie auch heute noch von Vertretern eines eigenen Berufsstandes ohne Hilfe von Zement aus sorgfältig zusammengetragenen Steinbrocken aufgetürmt. Die Mauern bieten nicht nur Schutz gegen Wind und Bodenerosion, sondern unterteilen auch die unterschiedlichen Besitztümer und machen damit Zäune überflüssig.

Die Tierwelt Menorcas vermag vor allem Vogelliebhaber zu begeistern. Das

großräumige Feuchtgebiet »S'Albufera des Grau« im Norden der Insel bietet unzähligen, z.T. selten gewordenen Vogelarten Brut- und Nahrungsplätze. Auch die Amphibien und Reptilienfauna ist hier artenreich vertreten. Marder, Siebenschläfer, Kaninchen und Igel sind die häufigsten Säugetiere der Insel. Die etwa 23.000 Rinder sind neben Schafen, Ziegen und Schweinen für die Wirtschaft am bedeutendsten. Die inseleigene Rasse von zumeist pechschwarzen Vollblutpferden eignet sich hervorragend zur Dressur. So gehören sie auch bei allen menorquinischen Volksfesten zu den Hauptdarstellern der Festakte.

Nach langwierigen Antragstellungen und zahlreichen Studien wurde Menorca im Jahre 1993 von der UNESCO zum »Reservat der Biosphäre« erklärt. Das bedeutet eine große Auszeichnung für die intakte Natur der Insel und stellt

Über dem fjordartigen Hafen der einstigen Inselhauptstadt Ciudadela de Menorca erstrahlt das Castell in nächtlicher Beleuchtung.

Prähistorische Wohnhöhlen von Cala Morell/Menorca.

gleichzeitig hohe Anforderungen an die Politiker und Umweltschützer Menorcas, Ökologie und Ökonomie weiterhin im Gleichgewicht zu halten. Für den Sporttaucher ist aufgrund der topografischen Gegebenheiten meist »Easy Diving« angesagt. Starke Strömungen und ins Endlose abfallende Steilwände sind an den Küsten Menorcas kaum anzutreffen. Die Tauchplätze der meisten Basen führen bis zu einer Maximaltiefe von 25 m. Die Küstenformation sieht oft so aus, dass einer kleinen Steilwand im 10-m-Bereich sanft abfallender Felsgrund folgt. Dennoch haben die Tauchgebiete von Menorca auch für den weit gereisten Vieltaucher Interessantes zu bieten. Neben großen Fischschwärmen (hauptsächlich Barrakudas und Brassen) vermögen vor allem die unzähligen Grotten, Tunnel und Höhlen zu beeindrucken. Rund um die Insel wird man fast keinen Tauchplatz finden, wo nicht mindestens eine betauchbare Grotte lockt! Die absoluten Highlights sind Tropfsteinhöhlen, in denen man auftauchen und im Schein der Lampe fantastische Tropfsteingebilde beobachten kann.

Tauchplätze

Hausriff Hotel Bahia/Poseidon: Nach langer Schnorchelstrecke oder dreiminütiger Fahrt im Motorboot öffnet sich die lang gezogene Bucht zum Meer hin. Hier findet man den idealen Platz für Beginner oder Eingewöhnungs- und Nachttauchgänge. Über sanft abfallenden Grund taucht man im 10-m-Bereich über Seegraswiesen. Einige Felsblöcke erheben sich aus dem dichten Bestand an Posidonia und bringen mit ihrem andersartigen Bewuchs Abwechslung in den Tauchgang. Manch ausgedehnte Sandfläche im Seegras bietet die Chance auf die Sichtung von Schermesserfischen, Himmelsguckern, Petermännchen, Flughähnen und Amphorenscherben. Auch Seepferdchen wurden zwischen den Halmen schon entdeckt! Für den Rückweg empfiehlt sich die schroffe Steilküste. Die etwa 10 m hohen Klippen setzen sich auch unter Wasser senkrecht bis in etwa 6–8 m Tiefe fort. Die teilweise tiefen Einschnitte und kleinen Überhänge zeigen auch dem Anfänger die Schönheit einer reich bewachsenen Felswand. Die unterschiedlichsten Schleimfische verstecken sich zwischen den Krustenanemonen, und kleine Drachenköpfe nutzen ihre perfekte Tarnung zwischen gleich gefärbten Schwämmen.

Tropfsteinhöhle (Pont d`en Gil): Ein echtes Highlight im gesamten Mittelmeer und ein absolutes Muss für jeden Taucher auf Menorca! Nur wenige Bootsminuten von Ciutadella entfernt erreicht man nach kurzer Tauchstrecke vom geschützten Ankerplatz in knapp 15 m Wassertiefe den gewaltigen Eingang zu einer grandiosen Höhle. Die autobahntunnelgroße, gewölbeartige Öffnung verjüngt sich sanft nach innen zu. Der leicht ansteigende, anfänglich felsige Bodengrund geht über in feinen Sandboden. Fast geradlinig bohrt sich

Pont d'en Gil, die schönste Tropfsteinhöhle Menorcas. Leicht zu betauchen, können die bizarren Tropfsteingebilde sowohl unter Wasser (Schlierenbildung durch austretendes Süßwasser) als auch über Wasser betrachtet werden.

Querschnittszeichnungen von betauchbaren Höhlen, wie sie für die Südküste Menorcas typisch sind.

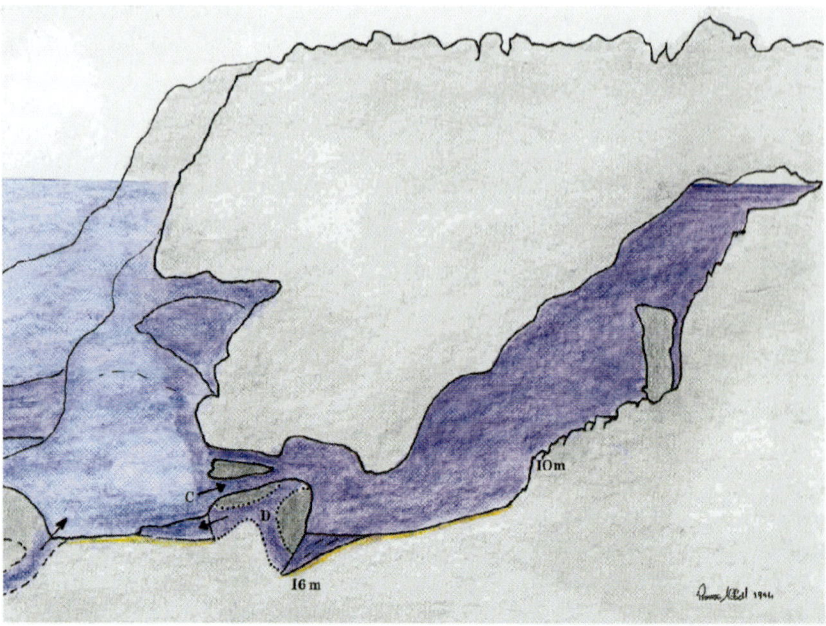

der inzwischen nur mehr 3 Taucher bequem nebeneinander fassende Stollen in die Küstenlinie von Menorca hinein. Annähernd hundert Meter tief (weit) dringt man im mittlerweile nur mehr 3–5 m tiefen Wasser in den Berg ein. Hier drinnen trüben kleine Süßwasserquellen teilweise die Sicht. Durch die Schlieren erscheinen die Tropfsteingebilde, die hier unter die Wasseroberfläche reichen, fast gespenstisch. Der Höhlengang wird nun immer schmäler und zwingt einen schließlich zum Auftauchen. Betrachtet man die Überwasserwelt im Schein der Taucherlampe, so scheint man im ersten Moment seinen Augen nicht trauen zu können. Die lang gezogene Felsspalte ist mit unzähligen, makellosen Tropfsteinen behangen, die bis etwa 1 m zur Wasseroberfläche herunterreichen. An der Oberfläche treibend, gleitet man nun, wie von Geisterhand bewegt, ganz langsam durch die breiter und höher werdende Höhle (durch das austretende Süßwasser). Schließlich öffnet sich die inzwischen mehrere Meter hoch gewordene Felsspalte zum fantastisch anzusehenden Gewölbe. Das tropfende Wasser der Jahrtausende hat hier Stalaktiten und Stalagmiten von mehreren Metern Größe geschaffen. Annähernd 10 m misst die Halle nun vom Wasserspiegel bis zur Höhlendecke. In den verschiedensten Gelb- und Brauntönen erstrahlen die gewaltigen Kalksteingebilde im Schein der Lampen. Man könnte hier an Land gehen und zwischen den mannshohen Zapfen und Stäben herumspazieren. Es wird aber dringend davon abgeraten, um die kleineren, zerbrechlichen Tropfsteine nicht zu beschädigen, sondern unberührt für die Nachwelt zu erhalten! So wie die Höhlendecke zuerst vor uns zurückgewichen ist, rückt sie nun näher. Ein letztes Mal blickt man noch auf die hier schon deutlich kleinere Zapfenpracht und taucht wieder ab. Das dunkel schimmernde Blau des Höhlenausganges ist bereits verschwommen zu sehen. Durch die Süßwasserschlieren hindurch erscheint der Ausgang nun immer deutlicher. Hat man noch genug Zeit und Luft, dann lohnt es sich, die Höhlenwände nach ihren typischen Bewohnern hin abzusuchen. Zahllose Krebsarten, Muränen und Conger und so manch anderes Getier des Dämmerlichtes lassen sich hier aufspüren.
Diese Höhle ist aufgrund ihrer geringen Wassertiefe unter der Begleitung eines Tauchguides auch für mäßig fortgeschrittene Sporttaucher geeignet.

Punta Quintana: Unweit des Taucherhotels Bahia/Poseidon befindet sich dieser Spot, der sowohl für den Anfänger als auch für den fortgeschrittenen Taucher etwas zu bieten hat. Vom Ankerplatz schwebt man im 10-m-Bereich über ausgedehnte Seegraswiesen, die gespickt sind mit zerklüfteten Felsblöcken. Schräg zur Küstenlinie ziehen sich mehrere, einige Meter tiefe, teilweise sogar überdachte Canyons durch den Meeresgrund. Die Inspektion dieses reich bewachsenen und fischreichen Biotops sollte man sich für das Ende seines Tauchganges aufheben. Taucht man auf die Küste zu, so gelangt man in 8 m Wassertiefe zu einem senkrecht in die Tiefe führenden, länglichen Loch. Von der Größe her passt ein Taucher bequem durch und kann sich in die Tiefe sinken lassen. Der Eingang zu einem etwa 30 m langen Tunnel ist gefunden. Quer durch eine Felsspitze führt dieser Stollen, der sich bald zur Größe eines Straßentunnels weitet. Decke und Wände sind bedeckt von unzähligen Polypen verschiedenartiger Nesseltiere; Krustenanemonen und gelbe Steinkorallen sind die häufigsten. Aber natürlich auch Schwämme, Seescheiden und Moostierchen bevölkern den Fels. Große Bärenkrebse und Kraken haben hier ebenfalls ihre Wohnstätte gefunden. In 16 m Tiefe erreicht man den Ausgang und muss sich entscheiden, den Tauchgang nach links entlang einer kleinen Steilwand fortzusetzen oder nach rechts Richtung Boot umzukehren. Die beste Lösung besteht wahrscheinlich darin, noch möglichst lange in diesem Tunnel zu bleiben und sich an der Farbenpracht und dem Artenreichtum des Bewuchses zu erfreuen.

Cap de Banjos: Nördlich von Ciutadella gelegen, taucht man in 10 m Tiefe vom Ankerplatz aus über vereinzelt im dichten Seegras liegende Felsblöcke. Entlang dem Felsriff, das immer wieder von Seegrasflächen unterbrochen wird, gelangt man in 25 m Wassertiefe zu ausgedehnten Sandflächen. Mit etwas Glück kann man hier Stachelrochen begegnen. Ins Felsriff bohren sich einige betauchbare Grotten und Spalten, wo Kraken, Bärenkrebse, Muränen sowie der ein oder andere junge Zackenbarsch keine Seltenheit sind. Beim Höhertauchen sollte man auch ab und zu einen Blick ins Blauwasser riskieren – Schwärme von Barrakudas oder Brassen sind der Lohn dafür. Scheint sich im Flachwasser ein abgestorbenes Stück Seegras unnatürlich zu bewegen, so könnte es sich um eine seltene Grasseenadel handeln. Die etwa 20 cm langen Tiere ahmen perfekt in Form und Bewegung ein Seegrasblatt nach. Fast ausschließlich am rundlich endenden Schwanz sowie der zarten Rückenflosse sind sie von den echten Grashalmen zu unterscheiden. Unerklärlicherweise wurden speziell an diesem Tauchplatz schon mehrfach Individuen dieser Tierart gesichtet.

El Puerto: Ebenfalls nördlich von Ciutadella liegt dieser Tauchplatz, der sich durch mehrere gut betauchbare Grotten und Torbögen auszeichnet. Vom Ankerplatz in etwa 15 m Wassertiefe geht es mit Blickrichtung zum Ufer nach rechts. Über eine zunächst ziemlich ebene Seegrasfläche folgt man der Küstenlinie. Schon bald öffnen sich in die Küstenlinie unzählige Löcher, Grotten und Überhänge. Eine Hand voll von ihnen lassen sich bequem betauchen. Bemerkenswert ist eine Felsspalte, deren Eingang in etwa 12 m Tiefe liegt. 2 Meter breit und 3 Meter hoch lädt die nach oben spitz zulaufende Öffnung geradezu zur Erkundung ein. Der sandige Bodengrund steigt nach hinten leicht an, und die Wände rücken immer weiter zusammen. Je nach Körpergröße kann man hier mindestens 20 m weit in die Küstenlinie von Menorca

Es ist das Verhängnis des Großen Bärenkrebses (Scyllarides latus), dass er nicht nur gern gesehen, sondern auch gern verspeist wird.

eindringen. Unzählige Filtrierer überziehen die schroffen Felswände. Der Sandboden im hintersten Teil der Höhle ist gespickt mit Röhrenwürmern, die ihre filigranen Tentakelkronen jedoch beim ersten Kontakt mit den Strahlen der Tauchlampe zumindest für kurze Zeit in ihren Kalkröhren verschwinden lassen. In den zerklüfteten Spalten der Höhlenwände hausen Bärenkrebse und Langusten. Meerraben und die in nahezu jedem dunklen Loch zahlreich anzutreffenden Meerbarbenkönige brauchen gar nicht mehr extra erwähnt zu werden. Nach Verlassen dieser interessanten Felsspalte muss man seinen Tauchgang unbedingt noch nach links, entlang dem Felsriff, fortsetzen.
Nach einigen kleinen Überhängen gelangt man zu drei interessant zu betauchenden Arkadenbögen mit angeschlossenen Grotten. Die Eingänge liegen im 15-m-Bereich. Blickt man vom Inneren der größten dieser Grotten nach außen, so bietet sich einem ein ähnliches Bild wie in den prähistorischen Landhöhlen von Cala Morell. Mehrere Felssäulen scheinen das geschwungene Gewölbe abzustützen und versperren den freien Blick auf den azurblauen Höhlenausgang. Gleich außerhalb geht es linker Hand noch durch zwei stattliche Torbögen, die aufgrund der ständigen Strömung fantastisch mit Krustenanemonen bewachsen sind. Spätestens hier empfiehlt sich ein Blick auf seinen Luftvorrat, da die halbe Tauchzeit vermutlich schon längst überschritten ist.

Es Llebetaxts: Von einer der westlichen Küstenlinie Menorcas vorgelagerten Untiefe, die bis etwa 8 m an die Oberfläche reicht, taucht man zunächst an der seeseitigen Kante den Steilabfall hinab. Im 25-m-Bereich geht auch hier der Fels in Seegraswiese und später Sandfläche über. Begegnungen mit Stachelrochen und Plattfischen sind möglich! Die riesigen, teilweise übereinander liegenden Felsbrocken bilden zahlreiche Spalten und Löcher. Nicht immer nur Muränen, Kraken und Bärenkrebse gibt es zu entdecken; man sollte sich auch an kleinen Kreaturen erfreuen können. Die ein oder andere noch nie zuvor gesehene Nacktschnecke vermag den erfahrenen Taucher vielleicht mehr zu begeistern als die üblichen Attraktionen eines Tauchplatzes. Wieder zurück auf der Spitze der Untiefe trifft man oft auf Brassen- und Goldstriemenschwärme. Hat man noch genügend Luft in der Flasche, so bietet sich gerade hier das längere Verweilen vor einer Putzerstation an. Über markanten Felsvorsprüngen verharren meist Fische der verschiedensten Art bewegungslos in untypischen Körperhaltungen (senkrecht mit Kopf nach unten oder oben stehend). Alle Flossen maximal spreizend warten sie darauf, bis behende herumflitzende kleine Fischlein herankommen und ihnen die Parasiten vom Flossenkleid picken. Mehrere Lippfischarten betätigen sich in ihrer Jugend als Parasiten fressende Putzer; aber nur der Mittelmeerputzer-Lippfisch (Symphodus melanocercus) macht dies sein ganzes Leben lang – sozusagen hauptberuflich!

Cala En Basto: Ein absolut anfängertauglicher Platz, wenige Kilometer südlich von Ciutadella! Vom Ankerplatz inmitten einer geschützten Felsbucht taucht man über ausgedehnte Posidoniawiesen zur nahe gelegenen Steilküste. Hier erstreckt sich im 10-m-Bereich eine teilweise wenige Meter steil abfallende Felswand. Dazwischen befinden sich zahllose Felsblöcke, die verstreut im Seegras liegen. Der interessanteste Part dieses Tauchplatzes befindet sich entlang der 15-m-Tiefenlinie. Hier endet eine zweite, zum Teil überhängende und Grotten bildende »Steilwand« von 2–5 m Höhe. Die Farbenpracht der beschatteten Felsflächen bildet einen krassen Gegensatz zu den gleichförmigen Grünflächen der umgebenden Seegraswiesen. Allerdings sollte man nie vergessen, dass man auch (oder gerade) hier höchst interessante Tierbegegnungen machen kann. Flughähne, Seepferdchen, Seenadeln, weidende Goldstriemen, Brassenschwärme, junge Muränen... Beendet man den Tauchgang im 6-m-Bereich, so findet man auch hier einige Löcher, die groß genug sind, einen neugierigen Taucher aufzunehmen.

Aquarium: Unweit der Cala Galdana befindet sich dieser äußerst vielfältige Tauchplatz, der ungeachtet des Ausbildungsgrades für jeden etwas zu bieten hat. Besonders beeindruckend ist die leicht betauchbare Höhle, deren Eingang sich auf etwa 9 m Tiefe befindet. Durch einen vorgelagerten Fels und die Ausmaße von 5 mal 2 m (Breite mal Höhe) ist die Grottenpforte kaum zu übersehen. Man durchtaucht zuerst einen geräumigen, sichelförmigen Gang, der leicht ansteigend nach etwa 20 m in einen Kamin mündet. Durch diesen schwebt man nach oben und verlässt die Höhle über ein Fenster (in 3 m Wassertiefe), das den Blick ins offene Meer freigibt. Aufgrund der geringen Tiefe sollte man ruhig länger in der Höhle verweilen, weil die farbenprächtig bewachsenen Wände nicht nur für Fotografen immer wieder schöne Überraschungen bereit halten.
Nach Verlassen der Höhle taucht man wieder hinab und setzt seinen Weg Richtung offenes Meer fort. Über Seegraswiesen und schön bewachsene Felsblöcke schwebend, fallen besonders die zahlreichen Vertreter von Schwarmfischen auf. In etwa 18 m Tiefe gelangt man zu einer interessanten Sandfläche, auf der regelmäßig Stachelrochen, Petermännchen und Himmelsgucker gesehen werden.
Bevor die Luft knapp wird, empfiehlt es sich, wieder Richtung Küste zu steuern. Oft lohnt sich auch ein Blick nach oben. Eine Schule von Barrakudas zieht hier manchmal ihre Kreise.

Dom: Nur 5 Bootsminuten östlich der Cala Galdana liegt eine fantastische UW-Höhle. Der Eingang befindet sich in 3–4 m Tiefe und hat sicherlich eine Breite von etwa 10 Meter. Schon nach wenigen Metern Tauchstrecke kann man in der Höhle gefahrlos auftauchen. Die Decke des kirchenschiffartigen

Von Fischschwärmen geht immer eine gewisse Faszination aus, egal, ob es sich um friedliche Goldstriemen (oben) ...

... oder räuberische Barrakudas (unten) handelt.

Auch in Seegraswiesen sind interessante Tauchgänge möglich.

Die Mittelmeermuräne (Muraena helena) trifft man in den Gewässern der Balearen noch relativ häufig an.

Gewölbes weist zwei Löcher auf, durch die Tageslicht einfällt. Nur zu einer bestimmten Tageszeit im August steht die Sonne richtig, um für wenige Minuten ihre gleißenden Strahlen durch die Felsenfenster bis auf die Wasseroberfläche zu werfen und eine grandiose Lichtstimmung zu erzeugen. Taucht man dann ab, erlebt man wahrhaftig eine »Lasershow« unter Wasser! Messerscharf durchschneiden die Sonnenstrahlen das kristallklare Wasser und spiegeln sich am steinigen Boden. Die kreisförmige Höhle kann noch mit einer weiteren Attraktion aufwarten. Wenn man im hinteren Teil ein zweites Mal vorsichtig auftaucht, kann man in einer viel kleineren Halle im Schein der Taucherlampe sehr gut erhaltene Stalaktiten bestaunen.
Nach dem endgültigen Verlassen der Höhle lohnt es sich, den Tauchgang in östlicher Richtung (nach links) fortzusetzen. Über Seegraswiesen und abwechslungsreiche Felsformationen gelangt man zu Überhängen und Torbögen. Viel Fisch hat dieser Tauchplatz hier zu bieten; sogar der ein oder andere Zackenbarsch lässt sich im seichten Wasser blicken.

Korallengalerie: Faszinierender Tauchplatz an der SO-Küste Menorcas. Ein atemberaubendes, lichtdurchflutetes Höhlensystem erstreckt sich hier auf drei Ebenen von 6 bis 20 m Wassertiefe. Von den geräumigen Gängen und Hallen aus bieten sich immer wieder fantastische Ausblicke ins stahlblaue Freiwasser des Mittelmeeres. Die Höhlendecken und -wände sind vollkommen mit Korallen, Krustenanemonen, Moostierchen, Schwämmen und Algen überzogen. Zackenbarsche, Muränen und Conger trifft man hier ebenso an wie unzählige Arten von Krustentieren.

Spielplatz der Giganten: Ebenfalls am SO-Ende der Insel befindet sich dieser erwähnenswerte Tauchplatz. Gewaltige Felsblöcke liegen dahingestreut, als hätten Giganten sie vom nahe gelegenen Leuchtturm hinabgeschleudert. Zahllose Löcher und Spalten bieten Muränen, Congern und Hummern Unterschlupfmöglichkeiten.
An der westlichen Ecke des Felsriffes befindet sich eine interessante, weil durchtauchbare Höhle. In 9 m Tiefe kann man bequem in den Fels eindringen, um ihn in etwa 20 m durch einen großen Felsbogen wieder zu verlassen. In der Ostwand befinden sich noch zwei weitere, allerdings kleinere Höhlen.

Elefantenrüssel: Nur wenige Bootsminuten von der Cala Galdana an der S-Küste Menorcas entfernt findet man diesen seichten Tauchplatz, der sich nicht nur für Anfänger und Nachttauchgänge eignet. In nur 5 m Wassertiefe erreicht man den Eingang zu einer sehenswerten Grotte. Die kreisförmige Halle bietet bequem Platz für 10 Taucher sowie die reichhaltig vorhandene Tierwelt. Taucht man rechts vom Höhlenausgang weiter, schwebt man über große Felsformationen, die immer wieder von Sandflächen und Seegraswiesen unter-

brochen werden. Fischschwärme (auch Barrakudas) lassen sich neben Tintenfischen, Krebsen und allerlei »Kleingetier« im meist glasklaren Wasser gut beobachten. Links des Höhlenausganges lohnt es sich, nahe der Küste zu bleiben. Viele Durchbrüche, Torbögen, Löcher und Spalten garantieren einen abwechslungsreichen Tauchgang.
Die Maximaltiefe beträgt nur etwa 12 m – lange Tauchgänge sind also garantiert.

Jungfrau Maria: Dieser religiös klingende Tauchspot liegt im SO von Menorca. An einer Steilwand in 26 m Wassertiefe haben hier vor vielen Jahren menorquinische Taucher zur Erinnerung an schiffbrüchige Seefahrer eine kleine Statue der Hl. Maria von San Esteban aufgestellt. Sie ruht auf einem Felsaltar unter einem Naturbogen. Die eigentliche Attraktion dieses Platzes ist jedoch eine Schule von bis zu 200 Barrakudas, die oftmals über der Statue ihre Kreise ziehen. Ganz in der Nähe befindet sich eine Kanone aus dem 18. Jahrhundert.

Schweizer Käse: Einer der wenigen bekannten Tauchplätze an der Nordküste Menorcas! Auf dem Landweg gelangt man bis zur Bucht von Arenal d`En Castell. Ein riesiger Fels, durchzogen vom Tunnellabyrinth in Form eines Schweizer Käses, gab diesem Tauchspot seinen Namen. Zur Wahl stehen viele verschiedene Eingänge, die durch die ständige, leichte Strömung alle reich mit Planktonfressern bewachsen sind. Garnelen, Kraken, Hummer, Drachenköpfe und Tintenfische werden hier mit einer schönen Regelmäßigkeit angetroffen. Die maximal erreichbare Tiefe beträgt knapp 25 Meter.

Trichter von S'Algar: Anspruchsvoller Tauchgang der Basis »S'Algar Diving«. Schon nach fünfminütiger Bootsfahrt hat man die schroffe Felswand im SO der Insel erreicht. Ein spektakuläres Kaminsystem mit zwei wunderschönen Höhlen, die durch eine innere Kammer miteinander verbunden sind, erwartet einen. Die obere Grotte führt in einen weiten Kamin, der sich bis zur Oberfläche öffnet. Taucht man wieder ab, so gelangt man durch eine enge Passage von der oberen Höhle in eine dunkle innere Kammer und über einen weiteren Tunnel in die darunter liegende, vom Licht durchflutete untere Höhle. Ihr bogenförmiger Ausgang liegt in 20 m Tiefe.

Tauchbasen

Ciutadella:
Tauchsport-Hotel-Bahia, Tauchbasis Poseidon: Der Komfort einer bequemen Unterkunft paart sich hier perfekt mit den Vorzügen der gut ausgestatteten

Tauchbasis Poseidon. So ist es auch nicht verwunderlich, dass direkt vor der gemütlichen Anlage zwei- bis dreimal pro Tag das geräumige Tauchboot von der eigenen, tief eingeschnittenen Sandbucht ablegt. Selbst das nahe Hausriff wird so mit dem Zweitboot bequem in 3 Minuten erreicht. Die ca. 30 verschiedenen Tauchplätze liegen zwischen 3 und 45 Minuten von der Basis entfernt. Zu den angefahrenen Highlights zählt auch die bekannte Tropfsteinhöhle »Pont d'en Gil«. Sollte das Wetter einmal gar nicht mitspielen, kann auch per Auto und Schlauchboot die N-Küste Menorcas betaucht werden. Ausgebildet wird nach den Richtlinien von CMAS, VDST und IDA vom Anfänger bis zum Tauchlehrer Assistenten. Der eigene Shop bietet sowohl die Möglichkeit zum Verleih als auch zum Kauf von Tauchsportartikeln. Öffnungszeiten: Von Anfang April bis Anfang November.
Hotel Bahia, Cala Santandria, Apartado 467, E-07760 Ciutadella/Menorca. Tel. 0034/971/38 26 44 oder 0034/971/38 22 45, Fax: 0034/971/48 27 04, E-Mail: info@bahia-poseidon.de, Homepage: http://www.bahia-poseidon.de.

Happy Sub International: Die gemütliche Tauchbasis des Österreichers Carlos Ernesto Koci-Schmit verspricht interessante und unvergessliche Tauchgänge. Auf seinen 4 kleinen Tauchbooten werden mehrmals täglich einige der über 30 Plätze angesteuert. Als sicherlich exklusives Highlight kann das Betauchen der 1952 gesunkenen *Francisquita* angesehen werden! Ausbildung erfolgt nach den Richtlinien von CMAS, VDST, CEDIP, PDIC und ACUC. Leihausrüstung steht in ausreichenden Mengen bereit, und auch Unterkunftsvermittlung wird als Service betrieben.
Öffnungszeiten: Von Ostern bis Ende Oktober.
Happy Sub International, Cala'n Forcat, App.Corr. 442, E-07760 Ciutadella/Menorca. Tel. & Fax: 0034/971/38 52 32.

Cala Galdana:
Club SUBmorena Divers S.C.: Die sympathischen Deutschen Horst Peters & Frank Witter führen ihre Tauchbasis nahe der schönen Sandbucht von Cala Galdana. Sie legen großen Wert auf stressfreies Tauchen und Gemütlichkeit. So wurden denn auch die Räumlichkeiten nach 2-jähriger Arbeit zur einladenden »UW-Höhle« umgestaltet. Zwei bis drei Ausfahrten mit maximal 8 Tauchern pro Boot entführen einen innerhalb kürzester Zeit zu den 50 schönsten Tauchspots der Umgebung. Auf Wunsch werden mit den basiseigenen Bussen auch Tauchgänge von Land aus unternommen. Ausbildung erfolgt nach den Regeln von PADI. Ausrüstungsverleih und Unterkunftsvermittlung gehören ebenso zum Programm wie regelmäßig organisierte Paella-Essen mit Kind und Kegel.

Straßenfest »Sant Joan« am 23. und 24. Juni zu Ehren des spanischen Königs in Ciutadella/Menorca.

Öffnungszeiten: Von Ostern bis Ende Oktober.
SUBmorena Divers, Passeig del Riu, Local 7, E-07750 Cala Galdana/ Menorca. Tel. & Fax: 0034/971/15 46 57. Tel.(mobil) 0034/609/30 37 60, E-Mail: horst@ctv.es, Homepage: http://www.submorenadivers.de.

Punta Prima:
Punta Prima Diving: Dieter Raskob führt die kleine Tauchbasis, die im Untergeschoss des ***Hotels Pueblo untergebracht ist. Mit dem basiseigenen VW-Bus geht es zur 1,5 km entfernten »Cala Biniancolla«, wo ein 6 m langes Polyesterboot auf seine Gäste wartet. Zwischen 5 und maximal 30 Minuten dauert die Fahrt zu den interessantesten Tauchplätzen der SO-Spitze von Menorca. Ausbildung erfolgt nach den Richtlinien von CMAS, BARAKUDA und VDST bis zum TL-Assi.
Öffnungszeiten: Von Mitte April bis Ende Oktober.
Tauchschule Punta Prima, im Hotel Pueblo, Punta Prima/Menorca. Tel. & Fax: 0034/971/18 83 94 oder Mobil: 0034/609/35 13 47, E-Mail: raskobdi@infotelecom.es, Homepage: http://www.tauchen-punta-prima-menorca.de.

S'Algar:
S'Algar Diving S.L. An der SO-Küste Menorcas befindet sich seit mittlerweile mehr als 10 Jahren ein hervorragend ausgestattetes Wassersportzentrum. Großzügiges Raumangebot, umfangreiche Leihausrüstung sowie leistungsfähige Kompressoren finden sich hier ebenso wie kompetentes, mehrsprachiges Personal. Tauchausbildung erfolgt nach den Richtlinien von PADI. Mit bis zu 6 basiseigenen Booten geht es täglich in Kleingruppen zu den aufregendsten Tauchgründen der Umgebung, die von Grotten. Höhlen und Steilwänden nur so wimmeln.
Öffnungszeiten: Von Ostern bis Ende Oktober.
S'Algar Diving S.L., Paseo Maritimo s/n, S'Algar, E-07710 San Luis/ Menorca. Tel. 0034/971/15 06 01, Fax: 0034/971/15 06 04, E-Mail: admin@salgardiving.com, Homepage: http://www.salgardiving.com.

Ibiza

Ibiza (Eivissa) und Formentera sind die beiden südlichsten Inseln der Balearen. Die Griechen nannten sie »Pitiusas« (heute Pityusen), Inseln der Pinien. Obwohl inzwischen große Teile der Landwirtschaft der Bautätigkeit gewichen sind, breiten sich noch heute ganz ansehnliche Wälder davon im Inneren Ibizas aus.
Ibiza ist mit einer Fläche von 572 km^2 kaum größer als das Fürstentum von Andorra. Es erstreckt sich von NO nach SW annähernd in Gestalt eines Ovals von 48 km Länge und 24 km Breite. Zwei sanft gerundete und nur wenig zerklüftete Gebirgsrücken ziehen sich durch die Insel. Im SW erreicht das Bergmassiv mit dem »Sa Talaia de Sant Josep« mit 475 m ü.N.N. den höchsten Punkt von Ibiza. Zwischen den Bergen breiten sich trotz des trockenen (ariden) Klimas mit nur 350 mm Jahresniederschlag fruchtbare Ebenen aus. Ausreichende Grundwasserreserven und eine relativ hohe Luftfeuchtigkeit von rund 70% lassen die Insel auch im Sommer als grün erscheinen und tragen ganz wesentlich zum gesunden Klima bei. Auf den Ebenen im Süden von Ibiza (südlich des Flughafens) wird schon seit dem Altertum Meersalz gewonnen. Es stellt auch heute noch einen wichtigen Wirtschaftsfaktor dar. Auf den Ebenen im Inselinneren werden Getreide, Obst, Gemüse, Mandeln, Oliven, Johannisbrot und Feigen angebaut.
Eivissa (Ibiza-Stadt), die Hauptstadt der Insel, hat etwa 26.000 Einwohner – die Hälfte der ganzen Insel. In den 1960er-Jahren wurde sie zur Metropole von Aussteigern, Hippies und Künstlern. Seit damals kämpft sie verzweifelt gegen ihren Ruf als Zentrum einer tabulosen Vergnügungsgesellschaft. Durch Maßnahmen der Regionalregierung der Balearen wurde der Tourismus kanalisiert und das Nachtleben von Eivissa weitgehend gezähmt. Das soll nicht heißen, dass man heute nicht mehr auf seine Kosten kommt! Diskotheken der absoluten Weltspitze bürgen nach wie vor dafür. Das schönste Stadtbild bietet sich einem, wenn man vom Meer her in den Hafen einfährt. Die wuchtige Festungsbastion der Oberstadt mit der im maurischen Stil erbauten Altstadt macht das Stadtbild zu einer der malerischsten Ansichten im westlichen Mittelmeerraum. Denkmäler, Museen, Kirchen, Kathedrale und Kastell können besichtigt werden.
Die in der tief eingeschnittenen Bucht »Badia de Sant Antoni« an der Westküste liegende Hafenstadt St. Antoni de Portmany ist die zweitgrößte Ortschaft der Insel. Die Fährverbindung nach Dénia stellt die kürzeste Entfernung zwischen den Balearen und dem spanischem Festland dar. Aus dem einstmaligen kleinen Fischerdorf ist heute eine lebhafte Touristenmetropole

geworden, die überwiegend aus neuzeitlichen Gebäuden besteht. Die Mehrzahl der Hotel- und Ferienanlagen befinden sich an der Südseite der Bucht. Die dritte Stadt im Bunde ist Santa Eulàlia del Riu. Sie bildet das touristische Zentrum an der Ostküste von Ibiza und liegt am gleichnamigen Fluss, dem einzigen der Insel, der regelmäßig Wasser führt. Das durch die Serra de la Mala Costa vom Norden her bestens windgeschützte Gebiet ist äußerst fruchtbar, so dass neben dem Tourismus der Obst- und Gemüseanbau ein wichtiger Wirtschaftsfaktor ist. Die Küstenbereiche nördlich der Stadt gehören zu den besten touristisch erschlossenen Sandstränden der Insel.
In den unzähligen großen und kleinen Calas (Buchten) entlang der gesamten Küstenlinie findet man immer wieder Sandstrände, die zum Baden und Fau-

Hafen von Eivissa (Ibiza-Stadt).

Malerische Bucht im Norden von Ibiza.

lenzen einladen. Einige davon sind nur vom Meer her erreichbar und bieten sich für ein nahtloses Bräunen geradezu an. Die optisch eindrucksvollsten Buchten findet man an der NW-Küste von Ibiza. Schroffe Steilabfälle mit schneeweißen Sandstränden vor türkisblauem Meer ...
Rein taucherisch gesehen, ist Ibiza sicherlich das lohnenswerteste Ziel der großen Baleareninseln! Während an der Ostküste eher flachere Tauchgründe mit viel Fisch vorherrschen, überwiegen an der Westküste atemberaubende Steilwände, die z.T. sogar mit Roten Gorgonien und Edelkorallen bewachsen sind! Auch die vorgelagerten Inseln im SW der Insel zählen zu den eindrucksvollsten Tauchgründen. Interessante Grotten und Höhlen gibt es entlang der gesamten Küstenlinie.

Tauchplätze

Cap Llibrell: Im Schutze eines vorgelagerten Felsens, der sich als winzige Insel im Osten von Ibiza aus dem Meer erhebt, fällt der Anker in etwa 7–10 m Tiefe auf felsigen Grund. Von hier taucht man die wenigen Meter bis zu der kaum 4 m breiten Spalte zwischen Küste und Insel. In 4–5 m Wassertiefe passiert man die Engstelle und muss meist ein wenig gegen die hereinrollende Brandung ankämpfen. Nach kurzer Strecke fällt jedoch der Boden auf der Seeseite des Felsens stufenförmig bis auf 30 m Tiefe ab, und die Strömung lässt sofort nach. Prächtige Bestände von Seegras überwuchern die Steinstufen und bilden Lebensraum für eine reichhaltige, leider jedoch sehr gut getarnte Tierwelt. Die senkrechten Wände hingegen sind durchzogen von Spalten und Löchern, die ein weitaus farbenprächtigeres Leben beherbergen. Schwämme, Krustenanemonen, Seescheiden und Moostierchenkolonien überziehen die beschatteten Stellen des Felsens lückenlos. Hat man die kleine Insel fast umrundet, steigt der Meeresgrund wieder steil an. Hier häufen sich große Felsblöcke, die teilweise so übereinander geschichtet sind, dass kleinere Grotten und Überhänge geschaffen wurden.
Wieder zurück unter dem Boot lohnt sich bei ausreichendem Luftvorrat noch ein Abstecher nach rechts. Eine steile Felswand führt hier bis in den 20-m-Bereich.
Alternativ dazu empfiehlt sich ein kurzer Ausflug in die geräumige Grotte, die sich unweit des Ankerplatzes wenige Meter in die Küstenlinie bohrt. In 7 m Wassertiefe ist der nicht zu übersehende Eingang, groß genug, eine Tauchgruppe auf einmal aufzunehmen. Vorsicht ist jedoch vor dem feinsandigen Bodengrund geboten, der die Sicht bei unbedachten Flossenschlägen schnell gegen null gehen lässt! Im Dämmerlicht des hinteren Bereiches der Grotte können einige Zylinderrosen bestaunt werden. Ansonsten sind die Wände hauptsächlich von Schwämmen und Krustenanemonen überzogen. Bärenkrebse und Langusten können zeitweise angetroffen werden!

Isla Sur: Ein toller Tauchgang! Nach 20-minütiger Fahrt mit dem Schnellboot erreicht man von Cala Pada im Osten Ibizas aus eine der Küste vorgelagerte kleine Insel. Nur einige Kormorane und Möven bewohnen das schroffe Eiland, das etwa in der Mitte durch einen schmalen Einschnitt geteilt wird. Im Wasser setzt sich dieser Einschnitt in Form eines betauchbaren Durchbruches fort. In 3 m Tiefe kann man hier quasi die Insel durchtauchen. Die Wände sind aufgrund der ständig herrschenden Dünung fantastisch mit Schwämmen, Krustenanemonen und anderen Planktonfängern überzogen. Zur Mittagszeit verstärken die Strahlen der hoch stehenden Sonne das Erlebnis eines einmaligen Tauchganges! Am Ende des etwa 5 m langen Durchbruches öffnet sich der Blick auf eine bizarre Steilwand. Auch hier sorgt die exponierte Lage für das Vorkommen strömungsliebender Lebewesen. Sofort fällt einem das große Fischvorkommen auf. Unzählige Mönchsfische tanzen im kristallklaren Blauwasser vor dem Fels, Meerjunker und Meerpfauen tummeln sich zwischen den stattlichen Brassenschwärmen und immer wieder steigen große Schulen von Goldstriemen aus der Tiefe auf, um bald darauf wieder zu ihren Weideplätzen, den Seegraswiesen im 30-m-Bereich abzutauchen. Für uns Taucher am beeindruckendsten sind aber vermutlich die hier regelmäßig anzutreffenden Barrakudas. In großer Zahl patrouillieren sie am blanken Fels entlang der Insel auf und ab. Verharrt man möglichst bewegungslos und hält im richtigen Moment den Atem an, so kann man bis auf wenige Zentimeter an die stattlichen Tiere herankommen. Hetzt man dem Schwarm jedoch hinterher, so sind die blitzenden Fischleiber alsbald nur mehr als winzige Punkte im tiefen Blau des Meeres auszumachen.
Taucht man bis zum Fuß der Steilwand in 30 m Tiefe, so wird man mit Muränen, Congern, Langusten, Bärenkrebsen, Kraken und Sepien verwöhnt und kann 50-köpfigen Schulen von Meerraben begegnen! All dieses Getier hält sich zwischen den riesigen Felsblöcken auf, die hier herunten verstreut im Seegras liegen.
Zum Austauchen empfiehlt sich das Umrunden der Insel im Flachwasser, zurück zum Boot.

Isla Eulalia: Im Windschatten einer sich unter Wasser fortsetzenden Felsnase taucht man ab. Über fleckenhaft wachsendes Seegras, das immer wieder von Fels- und Sandflächen unterbrochen wird, stößt man in 12 m Wassertiefe auf einen riesigen, alten Anker. Jogi, der Besitzer des Tauchcenters »Cala Pada« hat ihn vor vielen Jahren hierher geschleppt und als Attraktion versenkt. Mittlerweile wunderschön bewachsen, fügt sich das alte Kulturgut äußerst fotogen in das Felsriff ein. Unweit davon befindet sich eine, von einer mächtigen Steinplatte gebildete Grotte, in der fast ständig ein oder zwei kapitale Zackenbarsche anzutreffen sind. Taucht man weiter auf dem sanft abfallenden Felsrücken entlang, so wird meist die Strömung spürbar stärker. Diesem Umstand verdanken wir das Vorkommen von zahlreichen Fischschwärmen, darunter auch einigen Barrakudas. Die Strömung zieht uns nun bereits fast unangenehm stark aufs offene Meer hinaus. Spätestens hier sollte man umkehren, will man nicht seinen Tauchgang in einen Flossenschwimmwettbewerb ausarten lassen. Wieder zurück im ruhigen Wasser in »Ankernähe«, lohnt es sich, mehr als einen kurzen Blick in die zahllosen Spalten und Löcher im Felsgestein zu riskieren. Junge Muränen und Zackenbarsche, Kraken und massenhaft Meerbarbenkönige sind der Lohn der Mühe. Auf den kleinen Sandflächen zwischen den intakten Seegrasbeständen vermag nur das geübte Auge die bestens getarnten Seezungen vor deren Flucht zu entdecken. Inmitten der Posidoniawiesen wurden neben Tintenfischen auch schon Seepferdchen entdeckt.

Schweinebucht: Ebenfalls an der Isla Eulalia, im Osten von Ibiza gelegen, beginnt dieser Tauchgang bereits mit einem Durchbruch in 3 m Wassertiefe. Schräg nach unten führt der Gang, dessen Wände reichlich mit Schwämmen, Krustenanemonen und Moostierchen bewachsen sind. In einer Ausbuchtung linker Hand steht eine wunderschöne Zylinderrose, die scheinbar von einigen Meerraben bewacht wird.
Folgt man dem stufenförmig abfallenden Grund in die Tiefe, so gelangt man in 25 m erneut zu einem Durchbruch. Unter der (liebevollen) Bezeichnung »Triumphbogen« mag man sich unter Umständen etwas Größeres und Gewaltigeres vorstellen. Unser Triumphbogen hier lässt maximal zwei Taucher nebeneinander passieren. Nichtsdestotrotz ist er auf jeden Fall sehenswert. Bleibt man in dieser Tiefe, so findet man zwischen den zahlreichen Steinblöcken immer wieder kleine Grotten. Hier ist das Reich der Zackenbarsche. Sie sind zwar nicht mehr so groß wie vor 20 Jahren, aber dennoch kann man manch stattliches Exemplar hier antreffen. Hält man sich links vom Triumphbogen, so kommt man in gleicher Tiefe bald zu einem sehr schön bewachsenen Fels-Canyon, der einen bis auf 16 m Tiefe heraufführt. Muränen und Conger scheinen sich darinnen besonders wohl zu fühlen.

Riff Eulalia: Unweit eines Leuchtturmes, der die Untiefen eines großen Felsriffes für die Schiffahrt markiert, fällt der Anker. Das Riff ist groß genug, um mindestens fünf verschiedenartige Tauchgänge machen zu können. Einer von ihnen weist fast direkt unter dem Tauchboot die Öffnung zu einem etwa 10 m langen Durchbruch auf. Von 12 bis 16 m Wassertiefe reicht der geräumige Stollen, dessen Wände schön bewachsen sind. Einige Gabeldorsche und natürlich unzählige Meerbarbenkönige haben hier ihr Revier. Hinter dem Höhlenausgang beginnt ein Steilabfall, der sich bis in den 30-m-Bereich fortsetzt. Über dem sandigen Bodengrund trifft man oft auf Schwärme von Zweibinden-Brassen und Meerraben; aber auch Barrakudas werden häufig gesehen.

Die anderen Variationen, dieses Felsriff zu erkunden, führen den erfahrenen Taucher bis in Tiefen von 50 m oder aber zu Amphorenfeldern und alten Wrackteilen, die von stattlichen Muränen und Congern als Wohnstätte genutzt werden.

Isla Redona: Vom Ankerplatz im Osten von Ibiza taucht man in geringer Tiefe über einen teilweise mit Seegras bewachsenen Felsrücken. Bereits nach kurzer Strecke erblickt man ein einen Taucher bequem fassendes schwarzes Loch in etwa 10 m Wassertiefe. Lässt man sich vorsichtig hineinsinken, so wird man sofort gefangen genommen vom Reiz dieser wunderschönen Grotte. Geräumig wie ein überdimensionales Wohnzimmer erstreckt sich das Gewölbe in alle Richtungen. Einzig die Deckenhöhe lässt ein wenig zu wünschen übrig. Man kommt zwar auch mit großem Tauchgerät bequem durch, kann allerdings keine Kapriolen vollführen. Mehrere seitliche Fenster tauchen die Grotte in ein ansprechendes Zwielicht. Nur in der Mitte ist es finster. Erst im Schein der Lampe wird die Farbenpracht der reich bewachsenen Decken und Wände ersichtlich. Schwämme, Krustenanemonen, Steinkorallen, Moostierchen, Röhrenwürmer und natürlich die an Goldfische erinnernden roten Meerbarbenkönige – wohin man blickt! Das tiefste Fenster der schräg abfallenden Höhle führt einen in 16 m Tiefe wieder ans helle Tageslicht. Über stufenförmig abfallenden Felsgrund lässt sich hier eine maximale Tauchtiefe von 24 m erreichen. Für den Makro-Fan allerdings viel interessanter ist der Weg zurück unter dem Tauchboot durch und dann rechter Hand. Hier findet man in nur 6 m Wassertiefe eine leicht überhängende, etwa 2 m hohe Wand von 50 m Länge. Dieser Felsen ist aufgrund der fast immer herrschenden Wasserbewegung (Dünung) und des schattigen Standortes extrem dicht bewachsen mit bunten Schwämmen, Moostierchen und vor allem gelben Krustenanemonen!

Riff Figural: Kaum einen halben Meter erhebt sich die winzige Untiefe über die Wasseroberfläche der Ostküste Ibizas. Bei leichtem Wellengang wird sie gar ganz verdeckt. Dafür fallen ihre Wände steil bis in etwa 10 m Tiefe ab. Hier gibt es bereits einige betauchbare Grotten und Durchgänge. Taucht man weiter über die riesigen Felsblöcke, gelangt man in 15 m Tiefe zum zweiten Steilabbruch. Hier führt einen die reich bewachsene Felswand bis in den 30-m-Bereich. Will man noch tiefer gehen, so muss man dem leicht abfallenden Grund über verstreut liegende Felsblöcke folgen. Viel interessanter als die Jagd nach großen Tiefen ist an diesem Tauchspot jedoch ein Felsvorsprung in 10 m Wassertiefe. Über der Kante zum Abgrund schwebt hier meist ein Barrakudaschwarm von beachtlicher Größe. Sind diese Raubfische gerade mal nicht zugegen, so wird man mit sich massenhaft tummelnden Goldstriemen entschädigt.

Lichterhöhle: Unweit der schroffen Felsküste NW-Ibizas fällt der Anker und zugleich der Startschuss zu einem fantastischen Tauchgang! In nur 3 m Tiefe öffnet sich der Eingang zu einer gewaltigen Grotte. Bis zum felsigen Boden in knapp 15 m Wassertiefe reicht die portalartige Öffnung und gibt den Weg frei ins ewige Dämmerlicht. Erst nachdem sich die Augen an die herrschenden Lichtverhältnisse gewöhnt haben, nimmt man das kirchenschiffartige Gewölbe vollends wahr. Etwa in der Mitte der riesigen Halle dringt Licht durch ein kleines Loch in der Decke ein. Steht die Sonne hoch genug, so kommt es tagtäglich zu einem nur wenige Minuten dauernden Schauspiel, das man sein Leben lang nicht mehr vergisst! Die durch die kleine Öffnung gebündelten Sonnenstrahlen stechen gleichsam einem gigantischen Spot durch die 15 m hohe Wassersäule und reflektieren sich am blendend weißen Sandboden. Hat man genug Lust und Ausdauer, so kann man dem hellen Lichtfleck zusehen, wie er gemächlich über den Boden wandert, um dann fast plötzlich zu verschwinden und die ganze Höhle wieder in ihr gewohntes Dämmerlicht zu tauchen. Im hinteren Teil wird die Höhle flacher und enger. Hier findet man immer wieder Conger, Bärenkrebse und Muränen, die einige der zahlreichen Löcher und Spalten als Wohnstätte nutzen. Auch kann man hier kurz auftauchen und den niedrigen Oberwasserteil der Grotte betrachten. In den dunklen Bereichen leben nicht nur die roten Meerbarbenkönige, sondern auch die normalerweise erst viel tiefer vorkommenden Fahnenbarsche (Apogon). Von hier hinten gelangt man nach rechts in ein zweites Höhlengewölbe, das nur geringfügig kleiner ist und ebenfalls einen großen Ausgang aufzuweisen hat.
Ist der Luftvorrat beim Verlassen der Lichterhöhle noch groß genug, sollte man unbedingt noch einen Abstecher zu den nahen »Herkulessäulen« unternehmen. Dazu taucht man nach rechts (wenn man aus der Lichterhöhle herauskommt) entlang der Felswand, um nach etwa 30 m zu einer großen Felsspalte zu gelangen. In 8 m Tiefe befindet sich diese fast 20 m lange Unterhöhlung, die von dicken, großen Säulen abgestützt wird. In den vorderen, geräumigen Bereich kann man gefahrlos hineintauchen; der immer enger werdende hintere Teil sollte trotz der geringen Wassertiefe von weniger erfahrenen Tauchern gemieden werden, zumal hier auch Süßwasser aus Rissen in der Höhlendecke austritt und die Sicht behindert.

Cap Rubio: Nach etwa 30-minütiger Fahrzeit im Kutter der Tauchbasis San Miguel erreicht man eine Untiefe, die speziell für den erfahrenen Sporttaucher ein grandioses Erlebnis verspricht! Von ihrer höchsten Erhebung in etwa 7 m Wassertiefe fällt sie nach allen Richtungen mehr oder weniger steil ab. Zum offenen Meer hin kann man sich an der nahezu senkrechten Felswand bis auf 48 m Tiefe absinken lassen. Als Attraktion findet man hier ab ca. 35 m die im gesamten Mittelmeer recht selten gewordenen Edelkorallen! Wie

Die »Lichterhöhle« vor der Westküste Ibizas.

kleine, leuchtend rote Bäumchen wachsen sie hier aus den Felsspalten und Überhängen und versuchen mit ihren weißen Polypen Planktonpartikelchen einzufangen. Neben diesen faszinierenden Nesseltieren leben hier unten natürlich auch Gelbe Steinkorallen, Krustenanemonen, Moostierchenkolonien, Seescheiden und viele bunte Schwämme. Aus den größeren Spalten ragen die Antennen von Langusten oder die Köpfe von Muränen und davor tanzen die quirligen Fahnenbarsche. Trotzdem sollte man sich nur kurz und unter ständiger Selbstkontrolle in diesen Tiefen jenseits der Sporttauchgrenze aufhalten und seinen Luftvorrat nicht außer Acht lassen! Beim Austauchen auf der Spitze der Untiefe lohnt es sich, die Zeit zu nützen und die Algenbüsche genauer unter die Lupe zu nehmen. Nicht selten verbergen sich hier Kraken, Tintenfische oder manch schöne Nacktschnecke. Wer keine Sensation entdeckt, kann sich voll und ganz dem unwahrscheinlich tiefen Blau des klaren Mittelmeerwassers hingeben.

Isla Murada: Unweit der Tauchbasis San Miguel befindet sich eine kleine Felsinsel, deren unwirtlichem Äußeren man sicherlich nicht einen derart interessanten Tauchspot zutraut. Isla Murada bietet quasi als »Hausriff« der Basis fast alles, was man sich von einem guten Mittelmeertauchgebiet erwartet. Der schroffe Fels fällt auch unter der Wasserlinie die ersten 10 m senkrecht ab. Hier befindet sich ein schmaler Sockel, der sich fast um das gesamte Eiland zieht. An seiner Nordspitze beginnt knapp über dem Felssockel ein geräumiger Höhleneingang, der sich nach einer Kurve als Durchbruch durch die gesamte Inselspitze entpuppt. Obwohl sie reichlich mit Schwämmen, Moostierchen und Krustenanemonen bewachsen ist, bietet diese Grotte wenig Spektakuläres. Man verlässt den Durchbruch auf der anderen Seite der Insel und hält sich links. Nach wenigen Metern entlang einer Steilwand erblickt man in 12 m Tiefe einen großen, tischförmigen Felsen. Hier öffnet sich ein weiterer geräumiger Höhlengang, der sich später mehrfach verzweigt und auch zwei Hallen bildet. Verirren kann man sich kaum, da jeder Gang irgendwie nach außen führt und man fast immer das blaue Wasser eines Ausganges vor sich sieht. Schwebt man durch dieses kleine Labyrinth, so kommt man sich fast vor wie in einem aufgelassenen Bergwerk. Teilweise kreisrunde Gänge im porösen Felsgestein vermögen einen in Erstaunen zu versetzen. In die reich bewachsenen Wände bohren sich zahlreiche dunkle Löcher, die nahezu alle von Bärenkrebsen, Conger oder Muränen bewohnt werden.
Außerhalb des Höhlensystems geht es über steile Wände und sanfte Abhänge bis in den 30-m-Bereich. Hier »wimmelt« es in den warmen Sommermonaten nur so von Zackenbarschen! So manch ausgewachsenes Exemplar lässt einen mit Grauen an das hiesige Problem mit den Harpunettis denken, und man hofft insgeheim, dass dieser schöne Barsch niemals von einem Jäger erwischt wird!

Im Herbst locken massenhaft Jungfische Barrakudas und Stachelmakrelen an, die man dann oft beim Jagen beobachten kann.

Isla Margaritas: Dieser etwas entfernt gelegene Tauchplatz führt uns entlang der schroffen Steilküste in den Süden von Porto San Miguel. Der Tauchgang selbst startet knapp neben einer Felsinsel, die oberhalb der Wasseroberfläche einen gewaltigen Torbogen bildet. Nicht nur das eigene Tauchboot durchquert als Attraktion für seine Insassen auf diese Weise die Insel, sondern auch mehr oder weniger lebensmüde Speedbootbesitzer rasen als Nervenkitzel der besonderen Art mit irrsinniger Geschwindigkeit durch den Bogen. Beim Tauchgang selbst erwartet einen ein faszinierendes »untermeerisches« Labyrinth aus Grotten und Gangsystemen im 20-m-Bereich. Verirren kann man sich auch hier schwer, da jeder Höhlenteil ein durchtauchbares Fenster nach außen aufzuweisen hat. Taucht man weiter der Steilwand entlang nach rechts (Felsen rechter Hand), so gelangt man schließlich zu einem riesigen Torbogen, der sich vom Meeresboden in 25 m Tiefe auf einer Inselseite bis fast an die Oberfläche erstreckt. Will man die Insel jedoch wirklich durchtauchen, so muss man dies am Grund tun, da sich die Decke steil nach unten verjüngt. Taucht man auf der anderen Seite auf, sollte man sich vor etwaigen Motorbooten in Acht nehmen, da man sich dann kurz vor dem Oberwasser-Torbogen befindet!
Hat man kein Interesse an Grotten und Höhlen, so empfiehlt es sich, vom Ankerplatz gleich nach links zu tauchen. Hier gelangt man bald zu einer schön bewachsenen Steilwand, die im 30-m-Bereich in einer Halde aus großen Felsblöcken ausläuft. Die Wand scheint vor lauter Mönchsfischen und tiefer unten auch Fahnenbarschen förmlich zu leben. Ein stattlicher Barrakudaschwarm ist hier ebenfalls häufig anzutreffen. Taucht man vor bis an die Spitze des Felsens, wird die Strömung mitunter ziemlich stark!

Conger Wrack: Ein Maschinenfrachter aus dem 19. Jahrhundert lief bei der Isla Caldes aufgrund, trieb noch ein ganzes Stück Richtung Süden und versank schließlich direkt vor der Bucht von San Miguel. Das Wrack liegt heute genau in 40 m Tiefe auf ebenem Sandgrund.
Ziemlich zerfallen und die Reste halb im Sand versunken, bietet es dem Wrackfotografen kein besonders gutes Motiv mehr. Der biologisch interessierte Taucher und Tierfotograf wird daran jedoch seine helle Freude haben. Zwischen den Trümmern und unter den Decksbalken befinden sich Gänge, aus denen Conger und Muränen neugierig ihre Köpfe herausstrecken. Riesige Drachenköpfe liegen zwischen den Stahlstreben der ehemaligen Aufbauten. Fahnenbarsche und Meerraben tummeln sich in diesem künstlichen Biotop, und mit etwas Glück begegnet man sogar einem Mondfisch, der sich hier lästige Parasiten vom Leib picken lässt!

Cap Eubarca: Hauptsächlich ein Platz für fortgeschrittene Taucher! Weit im Süden von San Miguel gelegen, fällt eine Felswand sehr steil auf etwa 35 m ab. Hier ist es jedoch noch nicht aus! Nach einer 10 m breiten Stufe geht es hinunter auf über 50 m Wassertiefe. Das Interessante sind die drei größeren Höhlen, die sich in die Steilwand bohren. Die erste ist eher als Spalt zu bezeichnen; 28 m hoch und 15 m breit geht es etwa 50 m in den Fels hinein. Man kann sich nicht vertauchen, sollte aber darauf achten, dass der hintere Bereich ziemlich eng wird. Der Eingang zur zweiten Höhle befindet sich in 15 m Tiefe und hat einen Durchmesser von über 10 m. Sie bietet die Möglichkeit, in einem kleinen Raum aufzutauchen, der im Fels an der Wasseroberfläche liegt. In die dritte Höhle gelangt man über einen kleinen Eingang in 18 m Tiefe. Nach etwa 6 m kommt man in eine Halle mit einem Durchmesser von 5 m und einer Höhe von 15 m!
Alle Höhlen sind schön bewachsen und beherbergen Congeraale, Muränen und diverse Arten von Krustentieren.

Felsen Benirras: Diese Felsnadel vor der Bucht von Benirras, an der NW-Küste Ibizas, verspricht einen gemütlichen Tauchgang in mittleren Tiefen. Im Westen geht es steil auf 30 m Wassertiefe, wo ebene Sandflächen folgen. Der Osten und Süden wird bis zu einer Tiefe von 25 m von großen Felsblöcken umrahmt. Hier verstecken sich Drachenköpfe, Muränen und Congeraale. Beim Tauchgang empfiehlt es sich, die Felsnadel gemütlich zu umrunden, sich an der großen Anzahl von Schwarmfischen (hauptsächlich Brassen und Mönchsfische) zu erfreuen und auch den Flachwasserbereich genau zu untersuchen. Hier gibt es jede Menge Nacktschnecken und Schleimfische.

Russische Berge: Ein kleines Gebirge erhebt sich nördlich von San Miguel von den ebenen Flächen des hellen Sandbodens in 33 m Tiefe. Die höchste Bergspitze ragt auf etwa 15 m Wassertiefe herauf. An der dem offenen Meer zugewandten Seite fällt eine Steilwand von 15–33 m Tiefe ab. Der reich bewachsene Fels ist das Domizil zahlreicher Langusten und anderer Krebstiere. Die meerabgewandte Seite ist etwas flacher und beherbergt einige Anemonen. In einem Tal in 25 m Tiefe lassen sich etliche Steckmuscheln bewundern. Über den Bergspitzen tummeln sich die Schwarmfische, in den Sommermonaten auch Barrakudas!

Caldes: Ein sehr weitläufiges, flaches Tauchgebiet an der NW-Küste Ibizas bis maximal 20 m Tiefe. Das Congerwrack lief hier aufgrund, was sich durch Fundstücke des kupferbeschlagenen Rumpfes zeigte. Die sehr interessante UW-Landschaft aus Canyons, Überhängen und Höhlen bietet zahllosen Lebewesen ein Zuhause und lässt das Herz eines jeden Makro-Fotografen höher schlagen. Nacktschnecken, Schleimfische, Drachenköpfe, Kraken und Tin-

Eng mit den Seepferdchen verwandt, aber noch besser getarnt: die Grasnadel (Syngnathus typhle).

Die Meerbarbenkönige (Apogon imperbis) leben gesellig in Höhlen oder Grotten. Die Männchen brüten die befruchteten Eier im Maul aus.

tenfische beleben das Felslabyrinth und lassen einen schnell die Zeit vergessen. Der Geheimtipp für einen Nachttauchgang!

Haarsternfelsen: Ein Fels, der etwa 100 m von der Küste entfernt liegt und aus der Ferne aussieht wie ein umgefallenes Stück Torte. Die Außenseite fällt zuerst senkrecht bis auf 27 m Wassertiefe ab und dann gemächlich mit zerklüftetem Gestein bis auf 35 Meter. Im 20-m-Bereich befinden sich Haarsterne in den unterschiedlichsten Farben, die nicht selten eine oder zwei Haarsterngarnelen beherbergen. Dieses Zusammenleben wurde hier durch die Besitzer der Tauchbasis San Miguel erstmals dokumentiert!
Unterhalb, in dem zerklüfteten Felsgestein leben Muränen, Langusten und Drachenköpfe. Die Innenseite des Haarsternfelsens reicht bis 15 m Tiefe, hier ist ein gemütliches Austauchen möglich.

Punta de la Torre – Jaimes Point: Nur 5 Bootsminuten von Cala Portinatx entfernt liegt dieser Tauchplatz der Extraklasse! Zwischen 5 und 40 m Wassertiefe kann man sich entlang fantastisch bewachsener Steilwände sinken lassen, durch schluchtenartige Canyons und Felsdurchbrüche schweben und viele kleine Höhlen nach ihren tierischen Bewohnern untersuchen. Je nach Jahreszeit begegnet man dabei Bärenkrebsen, Langusten, Zackenbarschen, Congern, Muränen, Kraken, Barrakudas und Fahnenbarschen. Die Attraktion sind jedoch die hier in relativ seichtem Wasser vorkommenden Edelkorallen!

Blaue Löcher – Agujeros azules: Etwa 15 Bootsminuten von Cala Portinatx entfernt wartet hier ein ungefährliches Höhlensystem im seichten Wasser, das in seiner Struktur an einen Schweizer Käse erinnert, auf seine Entdecker. Im Sommer locken noch 3 bis 5 standorttreue Zackenbarsche, die sich meist in etwa 25 m Wassertiefe aufhalten.

Kathedrale: Dieser Tauchspot im Norden Ibizas zeichnet sich durch eine große Höhle aus, in die man bei einer Tiefe von 25 m eintauchen kann, um in 38 m Tiefe wieder herauszukommen. Im unteren Ausgang wurde eine »Boticelli Venus Statue« errichtet. Daneben gibt es Glasgarnelen und Edelkorallen zu bestaunen! Nur für sehr routinierte Taucher!

Es Vedra: Die Insel Es Vedra, ein schroffer und völlig kahler Felsklotz von 382 m Höhe, ragt vor der SW-Spitze von Ibiza aus dem Meer. Das unbewohnte Eiland diente im 13. und 14. Jahrhundert der Falkenzucht; heute leben nur mehr einige verwilderte Ziegen darauf.
Unter Wasser hingegen blüht das Leben und bietet Kurzweil für unzählige Tauchgänge – einfach fantastisch! Unweit des Ankerplatzes beginnt eine atemberaubende Steilwand, die sich über große Teile der Südküste des Insel-

chens erstreckt. Fast senkrecht fällt der Fels hier von 10 auf 60 m Wassertiefe ab, um dann endlich in Sandgrund überzugehen. Ein wenig Acht geben sollte man nicht nur auf die große Tiefe, sondern auch auf die gelegentlich ziemlich starke Strömung (bis 3 Knoten!). Die Steilwand selbst ist herrlich bewachsen mit nahezu allen Aufwuchsorganismen des Mittelmeeres. Ab etwa 35 m Tiefe findet man auch hier Edelkorallen und als Attraktion für die Balearen: Rote Gorgonien!!!
In unzähligen kleinen Höhlen, Spalten und Löchern leben Hummer, Langusten, Muränen, Zackenbarsche und Conger. Mit etwas Glück trifft man sogar einen Katzenhai an. Ganz selten wurden vor dieser Wand angeblich schon Blauhaie gesehen.

Islas las Bledas: Nur wenige Minuten nordwestlich der Tauchbasis Club Delfin (Cala Codola) liegen die drei winzigen Inseln, von denen nur die größte ein Leuchtturm ziert. Vom seichten Ankerplatz geht es über den teils stufenförmig, teils schräg abfallenden Bodengrund bis in maximal 55 m Tiefe. Die Vielfältigkeit dieses Tauchplatzes reicht von der Seegraswiese über Blockfeld und Steilwand bis hin zum Sandboden. Genauso verschiedenartig ist auch die anzutreffende Fauna und Flora. Muränen, Conger, Zackenbarsche, Tintenfische und große Fischschwärme dürften den »Durchschnittstaucher« am meisten interessieren.
Man kann jede der drei Inseln umrunden, muss allerdings auf die gelegentlich herrschenden Strömungen achten. Mit etwas Glück trifft man hier vielleicht sogar Tunfische beim Jagen an. Vom Boot aus kann man des Öfteren Delfine beobachten!

Esparto: Noch näher dem Club Delfin gelegen ist diese kleine Insel. Ihre Südküste ist das optimale Gebiet für Anfänger! Auch Leute, die einfach einen geruhsamen Tauchgang oder einen genussvollen Nachttauchgang machen wollen, werden begeistert sein.
Drei aufeinander folgende Plateaus erlauben jedem, auf seiner idealen Tiefe zu tauchen. Das erste liegt auf 5–8 m Tiefe, das zweite auf 10–15 m und das dritte schließlich auf 20–25 m Wassertiefe. Der Bodengrund ist steinig und zum Teil mit Seegras bewachsen. Hier haben unter anderem Tintenfische, Kraken und kleine Barsche ihr Zuhause. Auch Fischschwärme – vor allem Brassen – ziehen hier ihre Runden.

Isla Conejera: Diese felsige, aber bewohnte Insel ist die größte des kleinen Archipels, der sich vor der Westspitze Ibizas aus dem Meer erhebt. Sie ist 3 km lang und bis zu 70 m hoch; an ihrer Nordspitze steht ein Leuchtturm. Hier oder auf der weiter südlich gelegenen Isla Es Vedra soll der karthagische Feldherr Hannibal geboren sein.

Das Eiland hat taucherisch betrachtet sowohl für den Anfänger als auch für den Könner einiges zu bieten. Die Ostküste kennzeichnet sich durch viele Steilwände, die schön bewachsen bis 70 m in die Tiefe reichen! Langusten, Hummer, große Zackenbarsche, Muränen, Katzenhaie und gelegentlich sogar Sandhaie können hier angetroffen werden! Sehr schön ist auch die Zonierung der verschiedenen Gorgonienarten zu beobachten. Den Weißen Gorgonien folgen mit zunehmender Tiefe die Gelben und ab frühestens 30 m Wassertiefe gedeihen schließlich die Roten Gorgonien. Etwa im gleichen Bereich beginnt auch das Domizil der Edelkorallen. Beeindruckend ist hier neben der fantastischen Tierwelt auch das unwahrscheinlich klare Wasser von einem herrlichen Tiefblau!
Die Westküste ist eher anfängertauglich und fällt stufenweise von 5 bis 25 m Tiefe ab. Kennt man beide Seiten der Insel, so ist auffallend, dass fast alle Fische auf der Westküste kleiner sind als vor der Ostküste. Dieses flachere, von Seegras durchzogene Gebiet kann man demnach auch als Kinderstube vieler Fischarten bezeichnen.
Süd- und Nordküste von Conejera sind wenig interessant und werden von den Tauchbasen nicht angefahren.

La Bota: Etwa eine Seemeile nordwestlich von der Insel »Es Vedra« befindet sich diese Untiefe, die nur mithilfe exakter Navigation gefunden werden kann. Der höchste Punkt des »Unterwasserberges« befindet sich nur einen halben Meter unter der Wasseroberfläche! Seine Hänge fallen teilweise steil ab bis zum Sandgrund in 56 m Tiefe. Aufgrund der exponierten Lage und deswegen, weil hier nicht gefischt werden darf, lässt sich äußerst reichhaltiges Leben beobachten! Viele Muränen, Conger und Zackenbarsche tummeln sich zwischen den Gorgonien und Schwämmen. In der ständig herrschenden Strömung streifen große Barrakudaschwärme durch das kristallklare Blauwasser. Mit etwas Glück soll man hier sogar Schildkröten und Mondfische antreffen können! – Sicherlich einer der atemberaubendsten Tauchplätze vor der Küste Ibizas!

Tauchbasen

Interessant und reizvoll für den Ibiza-Tauchtouristen ist die Tatsache, dass die Tauchgründe rund um die Insel sehr unterschiedlich sind. Noch bis vor kurzer Zeit hatten sich hier mehrere Tauchbasen zusammengeschlossen und mit der MOBILCARD dem Gast die Möglichkeit gegeben, ganz unkompliziert zwischen den Tauchbasen zu wechseln und einmal hier und einmal dort zu tauchen. Leider besteht diese Möglichkeit zur Zeit nicht!

Santa Eulalia Del Rio:
Tauchcenter Cala Pada: Im Club Cala Pada, einer im maurischen Stil erbauten Anlage mit unkompliziertem Clubleben, befindet sich die urgemütliche Tauchbasis von Tina & Jogi Theuerjahr. Das sympathische Pärchen versteht es nicht nur fabelhaft, auf alle Wünsche einer bunt gemischten Taucherschar einzugehen, sondern schafft es auch, dass man sich hier einfach wohlfühlen muss. Auf dem Tauchkutter oder Schnellboot ist man in kürzester Zeit an den schönsten Tauchplätzen der Umgebung.
Ausbildung findet nach den Richtlinien von CMAS, VDST, IDA, DIWA und FEDAS statt. Ausrüstungsverleih und -verkauf stehen ebenso im Programm wie die Vermittlung von Unterkünften jeder Art.
Öffnungszeiten: Anfang Mai bis Ende Oktober.
Tauchcenter Cala Pada, Playa Cala Pada, E-07840 Santa Eulalia Del Rio/Ibiza. Tel. & Fax: 0034/971/33 07 55, E-Mail: tc-calapada@gmx.net, Homepage: http://diving-ibiza.com und http://diving-ibiza.de.

Ibiza Diving: Im Yachthafen von Santa Eulalia befindet sich seit 1994 die sicherlich größte Tauchbasis von Ibiza! Zwei riesige Alu-Boote bieten Platz für je 35 bzw. 20 Tauchgäste und fahren mit 400 bzw. 200 Pferdestärken aufs Meer hinaus.
Das personenstarke Team um den Besitzer Paul Ramos bildet nach den Richtlinien von CMAS, PADI, DTSA, FFESSM und TDI aus. Neben bestens ausgestattetem Ausrüstungsverleih und -verkauf kann man hier auch das Tauchen mit NITROX erlernen und ausüben.
Öffnungszeiten: Mitte März bis Mitte November.
Ibiza Diving S.L., Puerto Deportivo, E-07840 Santa Eulalia Del Rio/Ibiza. Tel. 0034/971/33 29 49, Fax: 0034/971/33 28 99, E-Mail: ibiza-diving@ctv.es, Homepage: http://www.ibiza-diving.com.

Punta Dive: In der weitläufigen Jugendclubanlage (Durchschnittsalter der Gäste: 22 Jahre!) befindet sich die unter spanischer Leitung stehende Tauchschule. Mit dem basiseigenen Schnellboot können bis zu 20 Taucher gleichzeitig innerhalb kürzester Zeit zu den 23 schönsten Plätzen der Gegend gebracht werden. Ausbildung erfolgt nach den Richtlinien von PADI, CMAS und IANTD; auch mit NITROX! Ausrüstungsverleih und -verkauf stehen ebenso auf dem Programm wie die Vermittlung von Unterkünften in das angeschlossene Clubhotel »Club Punta Arabi«.
Öffnungszeiten: Anfang Mai bis Ende Oktober.
Punta Dive, Cala Martina, Apto. 73 – Es Canar, E-07840 Santa Eularia Del Rio/Ibiza. Tel. 0034/971/33 67 26, Fax: 0034/971/33 91 67, E-Mail:punta-dive@mx3.redestb.es, Homepage: http://personal2.redestb.es/puntadive (nur spanisch!) oder http://www.clubpuntaarabi.com.

Cala Portinatx:
Subfari: Die kleine Basis des Deutschen Peter Reiserer befindet sich an einer der schönsten Stellen Ibizas, in der Cala Portinatx. Die Tauchgründe des etwas eigenen Besitzers gehören sicherlich zu den schönsten der ganzen Insel und werden zumeist von Stammgästen sehr geschätzt. Mit einem kleinen Kutter tuckern die maximal 8 Taucher zu den sehr nahe gelegenen Tauchspots. Hier bekommt man nicht nur handzahme Zackenbarsche und Edelkorallen zu sehen, sondern taucht auch durch schluchtenartige Steilabfälle und wunderschön bewachsene Höhlen. Sogar ein »Hausriff« findet der Gast bei der kleinen, vorgelagerten Insel in der Sandbucht. Hier können Tauchtiefen zwischen 10 und 25 m erreicht und Grotten erkundet werden. Ausbildung erfolgt nach den Richtlinien der CMAS.
Öffnungszeiten: Anfang Mai bis Ende Oktober.
SUBFARI-Centro de Buceo, Cala Portinatx, E-07810 San Juan de Labritja/ Ibiza. Tel. 0034/971/38 52 09, Fax: 0034/971/32 05 94.

San Miguel:
Diving Center San Miguel: Die Basis von Rainer & Gisi Klingner befindet sich im Hotel Cartago/Galeon, das im NW von Ibiza, inmitten einer wunderschönen, kleinen Bucht liegt.
Das bereits seit mehr als 20 Jahren bestehende, familiär geführte Unternehmen bringt einen innerhalb kurzer Zeit 2–3 mal täglich zu den umliegenden Tauchplätzen – und diese gehören sicherlich zu den schönsten der ganzen Balearen!
Ausbildung erfolgt nach den Regeln von CMAS/VDST; 25 komplette Ausrüstungen stehen für den Verleih bereit. Wem die Bootsausfahrten nicht genügen, der kann in der flachen Bucht vor der Basis nicht nur bei einem Nachttauchgang Seepferdchen, Knurrhähnen und Tintenfischen begegnen.
Öffnungszeiten: Anfang Mai bis Ende Oktober.
Centro de Buceo, Apartado 17, E-07815 San Miguel/Ibiza. Tel. & Fax: 0034/971/33 45 39, E-Mail: info@divingcenter-sanmiguel.com, Homepage: http://divingcenter-sanmiguel.com.

Cala Codola:
Free Delphin Diving: Nahe der westlichsten Spitze Ibizas liegt das Clubhotel Delfin, das auch eine gemütliche, kleine Tauchbasis enthält. Innerhalb kürzester Zeit ist man mit ihrem 6 m langen Schnellboot bei einigen der schönsten Tauchgründe Ibizas.
Öffnungszeiten: Mitte Mai bis Mitte Oktober.
Free Delphin Diving, Hotel Club Delfin, E- Cala Codola/Ibiza. Tel. 0034/971/80 62 10, Fax: 0034/971/80 60 52, E-Mail: clubdelfin@ctv.es, Homepage: http://ibiza-online.com/clubdelfin.

Ein besonders schönes Exemplar des Großen Roten Drachenkopfes (Scorpaena scrofa).

Cala Vadella:

Club Aquanautic: An der SW-Küste Ibizas liegt die kleine, tief eingeschnittene Bucht Cala Vadella. Die senkrecht ins Meer abfallenden bizarren Felswände setzen sich unter Wasser mit engen Felsspalten und kleinen Höhlen fort. In der gemütlichen Ferienanlage mit gepflegtem Sandstrand befindet sich das Tauchcenter Aquanautic. Ausgebildet wird nach den Richtlinien von PADI, CMAS, FIT und cedip. Auf einem gemütlichen Tauchkutter und einem schnellen Schlauchboot können die nahe gelegenen Tauchplätze, wie beispielsweise die fantastische Tauch-Insel »Es Vedra«, in maximal 20 Minuten erreicht werden.

Öffnungszeiten: April bis Oktober sowie 15. Dezember bis 15. Januar!

Club Aquanautic, Apdo. 71, Playa Cala Vadella, E-07830 San José/Ibiza. Tel. & Fax: 0034/971/80 82 67 oder 0049/5353/58331, E-Mail: aquanautic@wanadoo.es, Homepage: http://www.ibiza-spotlight.com.

Leicht betauchbare Grotte vor der Westküste von Ibiza.

Formentera

Die kleinste Insel der Balearen ist nur durch einen 4 km breiten und maximal 9 m tiefen Meeresarm von der weitaus bekannteren Nachbarinsel Ibiza getrennt. Aus der Luft betrachtet wirkt das nur 23 km lange Eiland wie eine überdimensionale, spitze Axt mit Öhr und breitem Handgriff. Das Öhr im Norden der Insel ist der »Estany Pudent«, was soviel wie »stinkender Teich« bedeutet und von dem leicht nach Fäulnis riechenden Brackwasser herrührt. Die Eintönigkeit der flachen Insel wird nur durch zwei Kalksteinplateaus unterbrochen, welche die schroffen Steilwände der West- und Ostküsten bilden. Der höchste Punkt der Insel befindet sich am östlichen Plateau auf 192 m ü.N.N. (Mola). Auf der östlichsten Spitze thront der »Faro de Formentera«, der von Jules Verne in einer seiner Novellen als der »Leuchtturm am Ende der Welt« beschrieben wird. Steht man am Rande der Felsklippen, die direkt unter seinen Füßen mehr als 100 m steil ins Meer abfallen, und lässt den Blick zum Horizont schweifen, der sich in den verschiedensten Blauschattierungen mit der See zu vermischen scheint, dann fühlt man sich wahrhaftig wie am Ende der Welt. Ein Denkmal erinnert hier an das Werk des Schriftstellers.
Das an Süßwasser arme Formentera ist nur mit spärlichem Bewuchs an stacheligem Buschwerk (Garrigue) überzogen. Auf den beiden Hochebenen findet man noch Waldbestände aus Aleppokiefer und Wacholder. Die knapp 5000 ständigen Inselbewohner leben von bescheidenem Garten- und Ackerbau, Schaf- und Schweinezucht sowie Fischfang. Von Bedeutung ist ebenfalls die Salzgewinnung in den Salinen im Norden der Insel. Gewürzkräuter, allen voran Thymian und Lavendel, gedeihen in dem milden, trockenen, windreichen Klima prächtig und werden sogar für den Export kultiviert. Apropos Klima: Dieses ist vermutlich dafür verantwortlich, dass die Formenterenser die höchste Lebenserwartung aller Spanier haben. Hundertjährige und noch Ältere sind keine Seltenheit auf diesem Eiland!
Obwohl der Fremdenverkehr in den letzten Jahren deutlich zugenommen hat, wird man hier Bettenburgen und Betonbunker vergeblich suchen. Die 20.000 bestehenden Touristenbetten sind für das Auskommen der Bevölkerung ausreichend – was sich in einem von der Regierung verordneten Baustop niederschlägt. Auch die Schaffung großflächiger Naturschutzgebiete und ein generelles Verbot von Campingplätzen, um zu vermeiden, dass »Billigtouristen« kommen, zeugen von dem landschaftsbewussten Denken der Verantwortlichen.

Der Name Formentera stammt möglicherweise von dem römischen »Frumentaria«, was »Land des Weizens« bedeutet und an eine Zeit erinnert, als Süßwasser noch aus zahlreichen Quellen floss und großflächigen Getreideanbau ermöglichte. Erst vor wenigen Jahren wurden archäologische Relikte gefunden, die auf die Bronzezeit (2000 v. Chr.) zurückgehen und die damalige Besiedlung der Insel belegen. In der Nähe des touristischen Zentrums Es Pujols können Ausgrabungen aus jener Zeit besichtigt werden.
Nach den Römern wurde Formentera von den Vandalen, Byzantinern, Arabern und Normannen angegriffen und geplündert. Danach eroberten die katalanischen Truppen schließlich auch Formentera und besiedelten es bis zum Beginn des 15. Jahrhunderts. Die 5 steinernen Verteidigungstürme, die strategisch entlang der ganzen Küste verteilt sind, erinnern noch heute an jene Zeiten, als sich die Bevölkerung vergeblich vor den zahlreichen blutigen Piratenüberfällen zu schützen versuchte, was schlussendlich zu einer Entvölkerung der gesamten Insel führte. So blieb Formentera vom 15. bis zum 18. Jahrhundert unbewohnt. Aus dieser Zeit stammen auch die Legenden, wonach in den zahlreichen Höhlen der Steilwände der West- und Ostküste Piratenschätze verborgen seien... Als im 18. Jahrhundert die Meere sicherer wurden, setzte von der Nachbarinsel Ibiza eine Neubesiedlung Formenteras ein.
Traumhafte Strände und kristallklares Wasser locken heute vor allem Badetouristen und Ruhe Suchende an. Die kilometerlangen, feinsandigen Strände der Südküste (Platja de Mitjorn, Platja Arenals) bieten die besten Voraussetzungen dafür. Die wenigen Ferienanlagen neben den z.T. noch unberührten Dünenlandschaften lassen jedem seinen Individualismus ausleben. Wer naht-

Blick vom Berg Mola über Formentera; am Horizont sieht man bereits Ibiza.

Alte Windmühle auf Formentera.

lose Bräune für wichtig hält, findet an der Cala Savina, am Nordende Formenteras, sein Paradies. Fast weiße Sandstrände, die nur gelegentlich von Felsen unterbrochen werden, laden hier die Anhänger der Freikörperkultur zum Verweilen ein.

Die einzige Tropfsteinhöhle der Insel sollte man sich allerdings besser bekleidet anschauen. Die »Cova d'en Xeroni«, unmittelbar am Ortsausgang von St. Ferran d' les Roques (gut beschildert), wurde erst vor wenigen Jahren im Garten eines Privathauses entdeckt. Unter der teilweise nur 1 m dicken Decke öffnet sich eine gewölbeartige Halle von den Ausmaßen eines Turnsaales, voll von verschiedenfarbig angestrahlten Tropfsteingebilden. Der Besitzer veranstaltet täglich mehrsprachige Führungen.

Der Tauchtourist findet auf Formentera neben herrlich klarem Wasser die ganze Fülle der Mittelmeerfauna und -flora. Neben zahlreichen Fischschwärmen, vor allem Brassen, trifft man hauptsächlich in den Sommermonaten große Barrakudaschwärme an. Die übliche Tauchtiefe bewegt sich im 20–30-m-Bereich, da sich meist hier ein reich bewachsenes Felsriff vom flachen Meeresgrund erhebt. Große Bärenkrebse, Langusten, Kraken, Muränen und Conger sind an der Tagesordnung. Überhänge und Grotten im tief liegenden Felsriff sind die Regel, von der Wasseroberfläche aus abfallende Steilwände die Ausnahme. Der Bewuchs ist artenreich und farbenprächtig aber krustenförmig. Gorgonienwälder und große Schwämme darf man nicht erwarten, sie fehlen hier völlig. Ausgedehnte Seegraswiesen vermögen vor allem den biologisch interessierten Taucher zu begeistern. Ein Wrack liegt in betauchbarer Tiefe, ist aber fast nur als Dekotauchgang durchführbar. Die Tauchgründe vor den Küsten der kleinsten Baleareninsel versprühen den Charme des Unberührten.

Abseits vom (Tauch-)Touristenrummel so manch anderer Destinationen kann man hier wirklich noch in gemütlicher Atmosphäre tauchen und das mannigfaltige Leben des Mittelmeeres entspannt genießen. Summa summarum ist Formentera das ideale Ziel für den gelungenen Familienurlaub. Während der tauchbegeisterte Vater seinem Hobby nachgeht, können sich Frau und Kinder am Sandstrand erholen, sich beim Reiten, Bogenschießen, Tischtennis oder an einer der Wasserrutschen sportlich betätigen oder aber einen Erlebnistrip durch die Insel unternehmen.

Tauchplätze

Sa Cala: Im NO der Insel gelegen erstreckt sich hier eine gewaltige Grotte von der Wasseroberfläche bis in etwa 9 m Tiefe. In der Größe an ein Kirchenschiff erinnernd, taucht man mit ständigem Lichteinfall bis in den hintersten Winkel des Gewölbes. Hier, wo Dämmerlicht herrscht, sind die Wände mit gelben Krustenanemonen überzogen. Auch spürt man meist stark die

Dünung, die durch den großen Grotteneingang nach hinten gebündelt wird. In den Spalten des steinigen Bodens hausen junge Conger und Muränen! Taucht man aus der Grotte hinaus, so fällt der Boden stufenförmig bis in den 20-m-Bereich ab. Große und kleine Felsblöcke bilden immer wieder Überhänge und kleine Höhlen – das Revier der Meerraben und Meerbarbenkönige. Zwischen dem reich mit Algen überzogenen Felsmassiv wächst fleckenhaft Seegras, über dem sich neben den allgegenwärtigen Mönchsfischen große Brassenschwärme tummeln und stattliche Exemplare von Goldstriemen kaum beim »Grasen« stören lassen.

Großes Riff: Einige 100 Meter der Südküste vorgelagert erhebt sich vom ebenen Sandgrund in 30 m Tiefe riffartig ein zerklüftetes Felsmassiv einige Meter über den Meeresboden. Obenauf wachsen lockere Bestände von Seegras. In den teilweise betauchbaren Spalten und Durchbrüchen tummelt sich das Leben! Große Schulen von Meerraben sind charakteristisch für diesen interessanten Tauchplatz. Unbedingt mit einer Lampe ausgestattet, sollte man hier genau die dunklen Grotten und Löcher inspizieren. Dann wird man nicht nur mit einem farbig leuchtenden Bewuchs von Moostierchen, Schwämmen, Korallen und Krustenanemonen belohnt, sondern findet meist auch mehrere Exemplare des schön gezeichneten Großen Bärenkrebses.
Die Ankertiefe ist hier gleich der Tauchtiefe! Da man sich fast ständig zwischen 25 und 30 m Tiefe aufhält, sollte man an Ab- und Aufstieg am Ankerseil gewöhnt sein.

El Pescador I: Ebenfalls im SO von Formentera gelegen erhebt sich auch hier ein Felsriff über den Sandboden. Der Unterschied zum »Großen Riff« ist die geringere Wassertiefe von knapp 20 m, die auch dem ungeübteren Sporttaucher eine längere Grundzeit ermöglicht. Auf einer annähernd kreisrunden Sandfläche von vielleicht 60 m Durchmesser erhebt sich ringsherum das zerklüftete Felsriff. Vorgelagert befinden sich unzählige, reich bewachsene Felsblöcke. Die dadurch entstehenden Spalten, Canyons und Höhlen sind schön mit Aufwuchsorganismen bewachsen. Über den freien Sandflächen zwischen den Felsen ziehen individuenreiche Brassenschwärme (hauptsächlich Zwei-Binden-Brassen). In den dunkleren Bereichen der Überhänge lassen sich bei genauer Suche Braune Zackenbarsche und auch Spitzkopfzackenbarsche ausmachen. Sie sind allerdings nicht angefüttert und daher sehr scheu. In den Canyons findet man vereinzelt große Muränen.

La Mola II: Direkt dem Riu Hotel La Mola vorgelagert ankert man in einem dichten Seegrasbestand in 24 m Wassertiefe. Von hier führen einige Canyons durch zerklüfteten Felsen bis in den 30-m-Bereich. Durch die häufig herrschende Strömung ist der Fischreichtum enorm. Das Gelb der Krustenane-

Leuchtturm »am Ende der Welt« – an der Ostspitze von Formentera.

»Cova d'en Xeroni«, die 1975 im Garten eines Bauern entdeckte Tropfsteinhöhle auf Formentera.

Seltene Schirmschnecke (Umbraculum mediterraneum) im klaren Wasser vor Formentera.

Formenteras endemische – also nur hier vorkommende – Eidechsenart.

monen wechselt sich mit dem Rot, Blau und Weiß der Schwämme und Seescheiden ab. Trugkorallen und andere Moostierchenarten wuchern zu beachtlichen »Sträuchern« heran.
Bärenkrebse, Langusten und Zackenbarsche tummeln sich in den zahlreichen Spalten. – Ein Tauchplatz der Extraklasse!

Stadion: Der flachste Tauchgang auf der Südseite der Insel, der sich auch hervorragend für das Nachttauchen eignet. Inmitten der schönen Seegraswiese in 8 m Tiefe öffnet sich ein rundliches Loch von gut 50 m Durchmesser. Darin erheben sich vom 12 m tiefen Sandgrund einzelne Felsen, die betauchbare Überhänge formen. Diese sind reich bewachsen und erstrahlen besonders des Nachts in den herrlichsten Farben. Bärenkrebse, Schleimfische, Nacktschnecken, junge Zackenbarsche und mit etwas Glück sogar ein Seepferdchen in den angrenzenden Posidoniawiesen sind der Lohn für einen aufmerksamen Tauchgang. In den warmen Sommermonaten wimmelt es in dem Stadion (Name!) nur so von Barrakudas, die sich an den zahlreichen Jungfischen gütlich tun.

Tauchbasen

La Mola: Empfehlung der Insel! Die gemütliche Tauchbasis »La Mola« liegt an der Südküste Formenteras direkt neben dem Riu Clubhotel La Mola und dem Hotel MaryLand. Der Deutsche Stephan van Treek hat hier 1996 die seit über 20 Jahren bestehende Basis übernommen und führt diese gemeinsam mit seiner Frau Claudia und Töchterchen Sarah voller Enthusiasmus. Ausbildung erfolgt wahlweise nach den Richtlinien von BARACUDA, VDST, CMAS, VDTL, Cedip oder PADI vom Anfänger bis zum TL-Assistenten. Mehrmals täglich führen einen die Ausfahrten zu einigen der mindestens 20 verschiedenen Tauchplätze Formenteras. Dafür steht sowohl an der Süd- als auch an der Nordküste der Insel ein großes Schlauchboot bereit. Innerhalb von längstens 20 Minuten ist man so an Ort und Stelle. Die maximale Kapazität der Basis reicht für ca. 40 Taucher.
Öffnungszeiten: Anfang April bis Anfang November.
Centro de Buceo La Mola, Riu Club Hotel La Mola, E-07860 San Francisco/Formentera. Tel. 0034/971/32 72 75 oder mobil: 0034/696/138 581, Fax: 0034/971/327 248, E-Mail: info@tauchen-lamola.com, Homepage: http://www.tauchen-lamola.com.

Vellmari Centro de Buceo: Im Zentrum von La Savina ist diese spanische Tauchbasis stationiert. Ausbildung erfolgt nach den Richtlinien von CMAS und PADI. Während der Saison steht auch ein deutschsprachiger Diveguide zu Verfügung. Mit drei Tauchbooten werden die Plätze der Umgebung regel-

mäßig angefahren. Seit dem Jahr 2000 besteht auch eine Zweigstelle der Basis im nahe gelegenen Ibiza! Öffnungszeiten: ganzjährig!
Vellmari Centro de Buceo, Avda. del Mediterraneo 90, E-07870 Formentera. Tel. 0034/971/32 21 05, Fax: 0034/971/32 31 98, E-Mail: info@vellmari.com, Homepage: http://www.vellmari.com.

Höhlen sind charakteristisch für die Unterwasserwelt der Balearen.

Während sich die nur wenige Zentimeter große Dickkolbenschnecke (Janolus cristatus, oben) als Nahrungsspezialist von Moostierchen ernährt, frisst der Große Braune Seehase (Aplysia fasciata, unten) Algen.

Informationen von A bis Z

Anreise

Mit dem Flugzeug
Es bestehen ganzjährig hervorragende Flugverbindungen von vielen europäischen Städten aus. Am preisgünstigsten ist mit Sicherheit eine Pauschalreise mit integriertem Charterflug. Mallorca, Menorca und Ibiza haben jeweils einen eigenen internationalen Flughafen. Um auf Formentera zu gelangen, fliegt man zur Nachbarinsel Ibiza und reist von dort mit kleinen Fähren oder Schnellbooten und Bus/Taxi weiter zu seinem Urlaubsziel.

Mit der Bahn
Bis zur spanischen Küste nach Barcelona oder València kommt man problemlos mit dem Zug. Von dort geht es mit der Fähre weiter. Am Urlaubsziel hat man die Wahl zwischen teilweise guten Busverbindungen, einem Mietwagen oder Taxi.

Mit dem Auto
Wer mit dem eigenen Auto anreist, muss genügend Zeit mitbringen. Die Fähren legen von Barcelona, València und Dénia vom spanischen Festland ab und benötigen bis zu 12 Stunden nach Mallorca. Während der Hochsaison fährt auch eine neue »Fast Ferry«, welche die Strecke in einem Bruchteil der Zeit schafft. Gerade hier ist jedoch rechtzeitige Reservierung empfehlenswert. Wer gar alle 4 Baleareninseln mit dem eigenen Wagen innerhalb eines Urlaubes bereisen will, braucht eine gute Planung, da der Fährverkehr zwischen den einzelnen Inseln zum Teil nur einmal pro Woche angeboten wird!
Die Fahrpläne der spanischen Fährgesellschaft Trasmediterranea sind unter der deutschen Tel. (069) 95 88 – 5800 bzw. Fax. (069) 95 88 – 5822 abrufbar.

Arzt

Unfallrettung: Tel. 112
Die medizinische Versorgung in den Touristengebieten kann als sehr gut bezeichnet werden. Es gibt ausreichend Ärzte, Krankenhäuser und Apotheken. Auslandskrankenscheine werden meist akzeptiert In schwer wiegenden Fällen empfiehlt sich ein Krankenrücktransport ins Heimatland.

Auskunft

Spanisches Fremdenverkehrsamt in Deutschland:
Myliusstr. 14, 60079 Frankfurt/Main, Tel. (069) 72 50 33 und 72 50 38, Fax. 72 53 13.
Postfach 15 19 40, 80051 München, Tel. (089) 5 38 90 75.
Grafenberger Allee 100, 40237 Düsseldorf, Tel. (0211) 6 80 39 85 und 6 80 39 86.
Kurfürstendamm 180, 10707 Berlin, Tel. (030) 8 82 65 43, Fax. 8 82 66 61.

Spanisches Fremdenverkehrsamt in Österreich:
Walfischgasse 8, 1010 Wien, Tel (01) 5 12 95 80, Fax. 5 12 95 81.

Spanisches Fremdenverkehrsamt in der Schweiz:
Seefeldstr. 10, 8008 Zürich, Tel. (01) 2 52 79 31, Fax. 2 52 62 04.

Mallorca:
Conselleria de Turisme de Balears, Calle Montenegro 5, Palma de Mallorca, Tel. (971) 71 61 91.
Foment de Turisme de Mallorca, Plaza de la Constitucion 1, Palma de Mallorca, Tel. (971) 72 53 96.

Menorca:
Foment de Turisme de Menorca, Carrer del Nord 4, Mahón, Tel. (971) 36 23 77.
Delegacio de Turisme del Govern Balear, Plaza Explanada 40, Mahón, Tel. (971) 36 08 79.

Ibiza:
Oficina de Informacio de Turisme, Passeig Vara de Rey 13, Eivissa, Tel. (971) 30 19 00, Fax. 30 15 62.
Oficina Municipal de Turisme, Carrer Mariano Riquer Wallis, Santa Eularia del Riu, Tel. (971) 33 07 28.

Formentera:
Oficina Municipal de Turisme, Ajuntament, Sant Francesc de Formentera, Tel. (971) 32 00 32.

Botschaften und Konsulate

Deutsche Botschaft: Calle de Fortuny 8, E-28010 Madrid, Tel. (91)5 57 90 00, Fax. 5 57 90 01.
Österreichische Botschaft: Paseo de la Castellana 91, E-28046 Madrid, Tel. (91) 5 56 53 15, Fax. 4 97 35 79.
Schweizer Botschaft: Calle Nunez de Balboa 35-7, E-28001 Madrid, Tel. (91) 4 31 34 00

Deutsches Konsulat: Paseo del Borne 15, Palma de Mallorca, Tel. (971) 72 29 97 und 72 23 71.
Carrer d`Antoni Jaume 22-92, E-07800 Eivissa (Ibiza), Tel. (971) 31 57 63.

Österreichisches Konsulat: Calle San Miguel 36-6, E-07002 Ciutat (Palma de Mallorca), Tel. (971) 72 37 33, Fax. 46 11 51.

Schweizer Konsulat: Paseo de Mallorca 24, E-07012 Palma de Mallorca, Tel. (971) 71 25 20 und 71 49 72

Ibiza ist ideal für Familien zum Entspannen, Baden und Tauchen.

Camping

Der Campingtourismus ist auf den Balearen kaum vorhanden – insgesamt gibt es nur eine Hand voll Campingplätze! Auf Formentera ist Camping offiziell nicht gestattet! Abgesehen von dem zeitlichen (und finanziellen) Mehraufwand, um mit dem eigenen Auto die Inseln bereisen zu können, ist es gesetzlich verboten, außerhalb von Campingplätzen mehr als nur einmal zu übernachten. Will man dennoch campieren, so empfiehlt sich eine möglichst frühzeitige Reservierung der spärlichen Stellplätze.

Dekokammer

Auf den Balearen befinden sich mehrere einsatzbereite Dekokammern.
Die Kammer in Ibiza-Stadt (Tel. 971/30 90 16) versorgt Ibiza und Formentera.
Im Krankenhaus der Inselhauptstadt Mahon (Maó) steht die Kammer von Menorca (Tel. 971/35 10 11).
Auf Mallorca gibt es neben der Clinica Juaneda in Palma (Tel. 971/73 16 47) auch noch eine mobile Dekokammer, die Privatbesitz von mehreren zusammengeschlossenen Tauchbasen der Insel ist (Tel. 908/53 45 54).

Einkaufen

In den größeren Städten auf den Balearen gibt es alles, was der Taucher während seines Urlaubes brauchen könnte.
An Souvenirs bieten sich vor allem Leder-, Glas- und Keramikerzeugnisse an. Speziell bei Lederwaren sollte man sich jedoch für den Einkauf genügend Zeit nehmen, um die Qualität sorgfältig zu prüfen. Es gibt durchaus günstige Angebote, jedoch hat auch hier hochwertige Ware ihren Preis. Unter der Masse an Glas- und Keramikwaren kann man mit etwas Glück wahre Kunstgegenstände finden.
Eine weltweit bekannte Spezialität der Stadt Manacor auf Mallorca sind die fabrikmäßig hergestellten Kunstperlen. Sie werden in allen erdenklichen Größen angeboten und sind von echten Perlen kaum zu unterscheiden. Sie sind aber auch nicht billig.
Ibiza ist bekannt für seine Modeschöpfer, die für nahezu jeden Geldbeutel die entsprechende Kleidung kreieren. Auf Ibiza und Formentera werden die künstlerischen Erzeugnisse täglich auf den so genannten »Hippieflohmärkten« feilgeboten.

Der Gelbe Gitterkalkschwamm (Clathrina clathrus) hängt oft von Höhlendecken herab.

Der Gestreifte Schleimfisch (Parablennius rouxi) lebt in kleinen Löchern vom Flachwasser bis in große Tiefen.

Einreise

Für EU-Bürger genügt der Personalausweis; sonst der Reisepass.

Elektrizität

Die Netzspannung beträgt auf den Balearen 220 Volt Wechselspannung. Die gängigen Eurostecker passen überall problemlos; für Schukostecker kann mancherorts ein Adapter vonnöten sein.

Essen und Trinken

Die spanische Küche hat weit mehr zu bieten als Paella und Sangria! Die Paella stammt eigentlich aus der Provinz Valencia auf dem spanischen Festland, hat aber inzwischen ihren Siegeszug in fast jede Küche angetreten. Man sollte sie heutzutage nur mehr auf persönliche Empfehlung hin bestellen, da leider unschmackhafte Billigprodukte in vielen Restaurants überwiegen.
Die in Bars und kleinen Restaurants angebotenen Tapas sind kalt oder warm gegessene Appetithäppchen, die es meist in großer Vielfalt gibt und sich auch, in entsprechender Menge genossen, als Hauptmahlzeit eignen.
Als schöne Tradition werden zumindest in ländlichen Gegenden noch vor jedem Essen Oliven und Brot kostenlos dazugereicht.
Eine süße Spezialität der Balearen sind die Ensaimadas, mit Schweineschmalz zubereitete Hefeteigschnecken, die es vom handtellergroßen Frühstücksgebäck (auch gefüllt) bis zur Größe eines Wagenrades gibt.
Obwohl die einheimische Hausmannskost eher deftig und mitunter aufgrund des oftmals hohen Fettgehaltes schwer verdaulich ist, sollte man sich nicht scheuen, ein wenig abseits der Touristenpfade die Geheimnisse der Kochtöpfe zu ergründen. Gemüseaufläufe in tönernen Töpfen (Greixonera), Wurstspezialitäten wie Sobrasada oder Butifarrones gehören ebenso dazu wie mit Olivenöl beträufeltes Brot mit Tomaten und Schinken.
In den Küchen der Küstenregionen werden vornehmlich fangfrische Meeresfrüchte zubereitet. Hier zählen Muscheln, Tintenfische und Langusten zu den empfehlenswertesten Gerichten.
Dazu trinkt man einen guten spanischen Wein oder gar einen typischen »Inselwein«. Als Dessert empfiehlt sich neben dem obligaten Café solo (schwarzer Espresso) oder Café con leche (Milchkaffee) ein Glas Hierbas (Kräuterlikör). Gewöhnungsbedürftiger für den mitteleuropäischen Gaumen dürfte der Palo sein, ein dunkelbrauner Likör aus Johannisbrot.

Menorca, »die« Insel für Naturliebhaber.

Geld

Währungseinheit ist die spanische Peseta (Ptas). 1 Euro entspricht 166,386 Peseten (100 Ptas entsprechen DM 1,175).
Kreditkarten werden von den meisten Hotels, Restaurants der gehobenen Kategorien und Autovermietern akzeptiert.
Die Einfuhr in- und ausländischer Zahlungsmittel unterliegt keinen Beschränkungen; jedoch empfiehlt es sich, größere Beträge zu deklarieren.

Klima

Auf den Balearen herrscht durch die maritime Lage ein extrem gemäßigtes, mediterranes Klima. Die Wintermonate sind mild, niederschlagsreich und fast immer frostfrei; die Sommer nicht allzu heiß und trocken. Dennoch sind von Insel zu Insel nicht unwesentliche Unterschiede festzustellen. Ibiza hat das ausgewogenste Klima der Balearen. Hier steigen die Temperaturen im Sommer selten über 30 °C an und sinken im Winter kaum unter den Gefrierpunkt. Der 1443 m hohe Puig Major und somit höchste Punkt Mallorcas ist hingegen nahezu jeden Winter für einige Tage weiß.
Die von Norden einfallenden trockenen und kalten Winde (Tramontana) bedingen vor allem an Menorcas Nordküste eine relativ raue Witterung mit der typischen Windwüchsigkeit der Vegetation. Sie werden auf Mallorca von der Serra de Tramuntana aufgehalten und bringen im Sommer als frische Fallwinde (Maestral) der Zentralebene zusätzlich Kühlung.

Nachtleben

Lange spanische Nächte bieten sich geradezu für einen Nachttauchgang an. Tiere, die am Tage verborgen oder für den interessierten Beobachter zu schnell in weiter Ferne entschwunden sind, können im Schein der Tauchlampe eingehend bewundert und fotografiert/gefilmt werden.
Wer unter »Nachtleben« Bar- und Discobesuche versteht, kommt in den Touristenhochburgen voll auf seine Kosten. Speziell auf Ibiza (in Eivissa) gibt es Diskotheken, die zur Weltspitze gehören.

Begegnungen mit Languste (oben) und Drachenkopf (unten) sind immer wieder ein Erlebnis.

Notrufnummern

Polizei: 091 oder 112
Feuerwehr: 112
Rettung: 112
Deutschsprachiger Notrufdienst des ADAC in Barcelona: (93) 200 88 00
ADAC-Notrufzentrale München: 0749/89/22 22 22

Öffnungszeiten

Gesetzlich festgelegte Ladenöffnungszeiten existieren in Spanien nicht. Die meisten Läden sind von 9.00 bis 13.00 und von 16.00 bis 20.00 Uhr (vielfach auch länger) geöffnet.
Selbst während der Hochsaison ist die Mittagsruhe fast immer heilig (Siesta). Auch an Sonn- und Feiertagen findet man zumindest vormittags immer ein geöffnetes Lebensmittelgeschäft.

Post

Die spanische Post (Correos) arbeitet im Allgemeinen zuverlässig. Das Telefonieren ins Ausland ist von den Postämtern aus am preisgünstigsten. Karten und Briefe nach Deutschland sind im Schnitt 3 bis 5 Tage unterwegs.

Vorwahlen von Spanien aus:
nach Deutschland: 0749
nach Österreich: 0743
in die Schweiz: 0741

Reisezeit

Die Balearen sind mit Sicherheit das ganze Jahr über eine Reise wert, wenngleich es im Winter verhältnismäßig ruhig zugeht und viele Hotels geschlossen haben. Auf Formentera beispielsweise verirren sich außer den etwa 5000 ständigen Einwohnern der Insel dann nur wenige Touristen hierher.
Anders hingegen auf Mallorca. Während der kalten (milden) Monate wird speziell Mallorca von Seniortouristen, Wanderern und Radfahrern beherrscht. Und wenn Ende Jänner/Anfang Februar die Mandelplantagen in voller Blüte stehen, kann sich niemand mehr der Faszination der Balearen außerhalb der Saison entziehen.

Die überwiegende Anzahl der Tauchbasen hat im Winter geschlossen und öffnet erst wieder Anfang April ihre Pforten. Tauchgänge in den Wintermonaten sind nicht grundsätzlich schlechter als im Sommer, jedoch die Winterstürme können einem einen Strich durch die Rechnung machen. Die Vor- und Nachsaison gilt wie in allen Mittelmeerländern auch hier als die beste Zeit zum Tauchen. Es empfiehlt sich ein 5–7 mm dicker Nasstauchanzug.

Sport

Neben Tauchen bieten sich im sommerwarmen Mittelmeer natürlich auch sämtliche andere Wassersportmöglichkeiten wie beispielsweise Segeln, Parasailing, Jetski, Surfen und Wasserski an. Feine Sandstrände, die zum Schwimmen und Faulenzen locken, sind auf allen Inseln zu finden. Eigens ausgeschilderte FKK-Bereiche ermöglichen lückenlose Bräune.
Je nach Sportlichkeit lohnt es sich, mit Leihfahrrad, Motorrad oder Auto das Hinterland der jeweiligen Insel zu erkunden. Auch für Wanderer führen unzählige Wege und Pfade ins Land hinein.

Sprache

Spanisch bzw. Katalanisch. In den Touristenorten wird nicht nur fast überall Deutsch oder Englisch verstanden, sondern auch gesprochen! Am »schlimmsten« ist es auf Mallorca. Da findet man nicht nur deutsche Straßennamen, Hinweisschilder und Speisekarten, sondern kann sogar im Aldi einkaufen.
Auf den erwähnten Tauchbasen wird durchweg Deutsch sprechendes Personal eingesetzt.
Übrigens: zwei L werden als J ausgesprochen. Also wird Mallorca zum »Majorca« und Paella zur »Paeja« !!!

Tauchbasen

Die meisten Tauchbasen sind von Ostern bis Ende Oktober geöffnet, halten aber bei Gruppenbuchungen bzw. nach Absprache auch länger offen. Bei den ganzjährig geöffneten Basen sollte man vorsichtshalber während der Winterzeit telefonisch Kontakt aufnehmen, will man nicht riskieren, vor verschlossenen Toren zu stehen.
Unterkünfte werden von nahezu jeder Tauchbasis vermittelt.
Neben den im Buch genannten Basen gibt es noch eine Unzahl weiterer. Allein auf Mallorca soll es an die 100 Tauchbasen geben! Viele davon sind einem

Hotel oder einer Clubanlage angeschlossen und deswegen über den Reiseveranstalter leicht ausfindig zu machen.

Tauchgenehmigung

Um auf den Balearen tauchen zu dürfen, muss jeder Taucher eine Tauchunfall-Versicherung vorweisen (z.B. DAN) oder vor Ort abschließen. Dies geht ganz unkompliziert für wenige DM direkt bei der Tauchbasis.
Da die diesbezüglichen gesetzlichen Bestimmungen Sache der jeweiligen Inselregierung ist, gibt es hier weder ein einheitliches Gesetz für die Balearen noch für ganz Spanien. Auf Mallorca beispielsweise, muss jede einzelne Tauchbasis einen Vertrag mit einer einsatzbereiten Druckkammer abschließen. Die dadurch anfallenden Kosten können auf den Tauchgast weitergegeben werden oder auch nicht.

Tauchverbote – Sperrgebiete

Es gibt auf den Balearen nur sehr wenige Tauchverbotszonen.
Da der deutsche Sporttaucher kaum um die Inanspruchnahme einer ansässigen Tauchbasis herumkommt, braucht er sich um Tauchverbotszonen und militärische Sperrgebiete nicht selbst zu kümmern.
Diese können jedoch bei der nächstbesten Basis erfragt werden.

Trinkgeld

In Restaurants ist das Bedienungsgeld grundsätzlich im Preis enthalten. Ein kleines Trinkgeld drückt jedoch die Zufriedenheit des Gastes aus.

U-Boot

Wer auf Mallorca tauchen will, braucht sich nicht unbedingt die Füße nass zu machen. Wenige Kilometer westlich von Palma fährt von Magaluf aus ein modernes Touristen-U-Boot im sommerlichen Mittelmeer umher. Durch 80 cm große Panorama-Bullaugen können so auch ausgesprochene »Landratten« und Nichttaucher die Unterwasserwelt der Balearen kennen lernen. Einige Tauchbasen der Umgebung bieten sogar UW-Begegnungen mit dem Submarine »Nemo« an.

Die Leopardschnecke (Peltodoris atromaculata) ernährt sich ausschließlich vom Gewebe des Feigenschwammes (Petrosia ficiformis).

Die wahre Schönheit liegt oft im Detail: winzige Krustenanemonen mit Strahlenschwamm.

Unterkunft

Das Angebot an Übernachtungsmöglichkeiten ist vor allem in den viel besuchten Küstenregionen groß. Gerade für die Monate Juli und August empfiehlt es sich, rechtzeitig Reservierungen vorzunehmen. Die Palette reicht von einfachen Privatzimmern über (wenige) Campingplätze und Apartments bis hin zu Hotels aller Kategorien. Bei Tauchern beliebter sind oft Apartments und Privatzimmer. Das Trocknen der nassen Anzüge ist hier unkomplizierter, und der Tagesablauf lässt sich auch individueller gestalten.
Die preisgünstigste und unkomplizierteste Variante ist meist jedoch die Buchung einer Flugpauschalreise vom deutschen Reisebüro aus.
Erwähnenswert ist die Tatsache, dass so gut wie jede Tauchbasis Unterkünfte vermittelt.

Zeit

In ganz Spanien gilt die Mitteleuropäische Zeit (MEZ). Auch während der Sommermonate besteht kein Zeitunterschied zu Deutschland.

Zollbestimmungen

Da die Balearen zu Spanien und somit zur EU gehören, gelten die gleichen Beschränkungen wie für alle anderen Mitgliedsländer.
Für Einreisende aus Nicht-EU-Ländern liegen die Freimengengrenzen bei 200 Zigaretten oder 100 Zigarillos oder 50 Zigarren oder 250 g Rauchtabak. An Alkohol darf maximal 2 l Wein und 1 l Spirituosen über 22% bzw. 2 l Spirituosen unter 22% eingeführt werden.

Höhlentauchen in den Gewässern der Balearen.

Das Top-Tauchrevier Mittelmeer entdecken und erleben

...auch mit *Erlebte Unterwasserwelt: Mittelmeer*, dem Tauchreiseführer *Tauchen & Reisen: Malta, Gozo und Comino* und dem Schnorchelführer *Schnorcheln im Mittelmeer.*

Mit über 400 farbig abgebildeten Arten ist dieses Buch eine umfassende Dokumentation der Unterwasserflora und -fauna des Mittelmeeres: von den Algenarten über die wirbellosen Tiere bis hin zu Fischen, Schildkröten und den häufigsten Delfinen.
352 Seiten, 407 Farbfotos, 20 Zeichnungen
ISBN 3-7688-0968-4

Herrliche Farbfotos und ausführliche Informationen beschreiben die Maltesischen Inseln über und unter Wasser: von Hotel- und Ausflugstipps bis zu den schönsten Tauchspots mit Plänen und detaillierter Beschreibung.
112 Seiten, 70 Farbfotos, 17 Karten
ISBN 3-7688-1208-1

Dieser Schnorchelführer zeigt die Strände und Buchten von der Costa Brava über die romantischen Inselwelten des gesamten mediterranen Raumes bis zur türkischen Küste. Tauchurlauber können sich mit diesem Buch intensiv auf das einzigartige Naturerlebnis *Schnorcheln im Mittelmeer* vorbereiten.
112 Seiten, 177 Farbfotos, 22 Grafiken
ISBN 3-89594-067-4

Erhältlich im Buch- und Fachhandel

Delius Klasing
EDITION NAGLSCHMID